Susan Ichi Su Moon
Ohne Höhe, ohne Tiefe

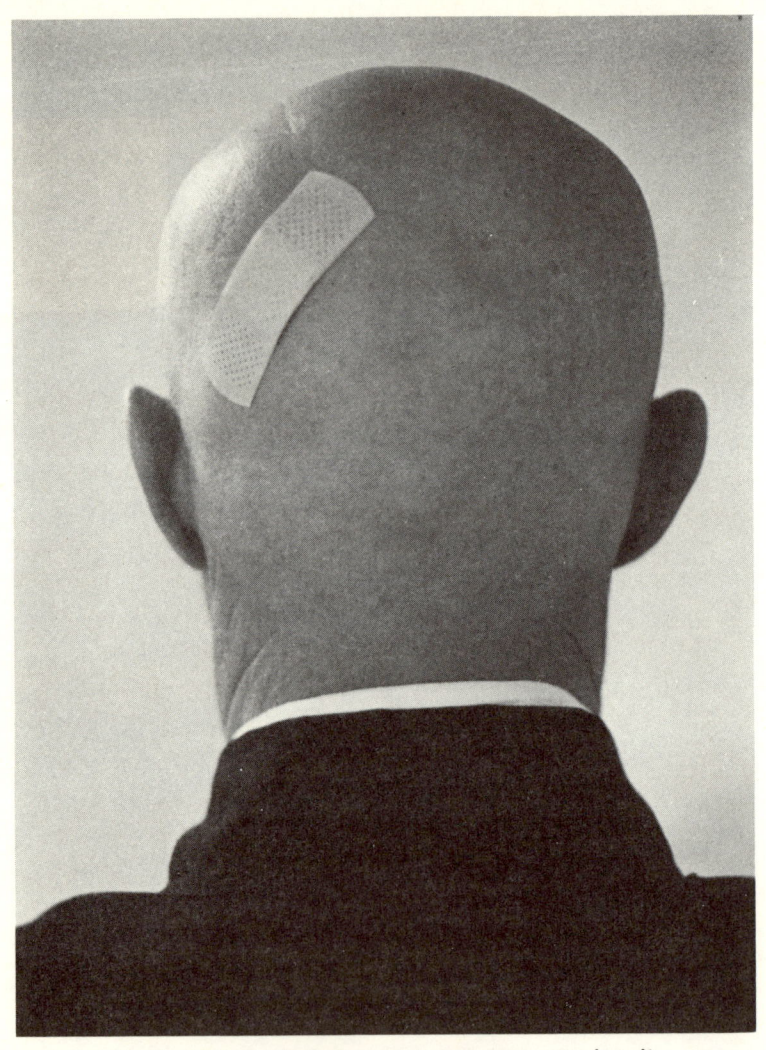

Viele Lehrer brüsten sich vermessen damit,
sie wüßten nichts,
doch einzig Tofu ist es wahrhaft gelungen,
die totale Ignoranz zu erlangen.

Susan Ichi Su Moon

Ohne Höhe, ohne Tiefe

Die Lee(h)rformeln
des Zenmeisters Tofu Roshi

Verlag Hermann Bauer
Freiburg im Breisgau

CIP-Titelaufnahme der Deutschen Bibliothek

Moon, Susan Ichi Su:
Ohne Höhe, ohne Tiefe : die Lee(h)rformeln
des Zenmeisters Tofu Roshi / Susan Ichi Su Moon.
[Dt. von Giovanni Bandini u. Ditte König]. –
Freiburg im Breisgau : Bauer, 1989
    Einheitssacht.: The life and letters of Tofu Roshi 〈dt.〉
    ISBN 3-7626-0377-4

Die amerikanische Originalausgabe erschien 1988 unter dem Titel
The Life and Letters of Tofu Roshi
bei Shambhala Publications, Inc., Boston.
© 1988 by Susan Moon.
© für das Vorwort 1988 by Gahan Wilson.

Deutsch von Giovanni Bandini und Ditte König.

1989
ISBN 3-7626-0377-4
© für die deutsche Ausgabe 1989 by
Verlag Hermann Bauer KG, Freiburg im Breisgau.
Alle Rechte der deutschen Ausgabe vorbehalten.
Lektorat: Dr. Juliane Molitor.
Satz: Typobauer Filmsatz GmbH, Scharnhausen.
Druck und Bindung: May + Co, Darmstadt.
Printed in Germany

Für meine einstigen und jetzigen Freunde
im Berkeley Zen Center

Anmerkung der Autorin

Das »Kein-Weg-Zen-Center« und die Menschen,
die dort wohnen, sind ganz und gar ausgedacht.
Es gibt *keinen solchen Ort*, und
es gibt *keine solchen Menschen*.

Inhalt

Vorwort

Viele Lehrer brüsten sich vermessen damit, sie wüßten nichts, doch einzig Tofu ist es wahrhaft gelungen, die totale Ignoranz zu erlangen. Des weiteren beherrscht nur Tofu die Kunst, seinen unbefleckten Zustand auch an diejenigen weiterzugeben, die willens sind, ihn entgegenzunehmen. Ein besonders begabter Schüler erlangte die vollkommene Stupidität bereits mitten in der ersten *Gassho*-Verbeugung vor dem Meister und reagiert seitdem auf jedwede Frage – »Enthält ein bestimmtes Waschmittel mehr Buddha-Natur als ein anderes?« »Trage ich mein ursprüngliches Gesicht richtig oder falsch rum?« »Fährt dieser Bus am Bahnhof vorbei?« – mit dem gleichen, leicht irritierenden, verdutzten Blick.

Es ist nicht nur so, daß die Lehren des Roshi völlig bar jeden Inhalts sind oder des geringsten Sinns entbehren – *das* haben auch viele andere Meister erreicht; der bemerkenswerteste Aspekt an seinen Vorträgen ist vielmehr die Tatsache, daß es anschließend platterdings unmöglich ist, sich auch nur eines einzigen seiner Worte zu entsinnen – ja, selbst sich daran zu erinnern, ob er überhaupt etwas gesagt hat. Bandaufzeichnungen scheinen da auch nicht besonders hilfreich zu sein, da alle bislang erschienenen Kassetten mit seinen *Teishos* lediglich Hintergrundräuspern, Kissenrascheln und das geduldige Summen der Klimaanlage enthielten.

Ich weiß zum Beispiel, daß ich letzten Sommer an einem Zweiwochen-*Sesshin* mit dem Roshi teilgenommen habe, weil ich im Besitz der Einzahlungsbelege bin, die dies beweisen, habe aber nicht die allerkleinste Erinnerung an das Ereignis *und bin – was sogar noch bemerkenswerter ist –, felsenfest davon überzeugt, die ganze fragliche Zeit mit einem Mädchen namens Sheila Galsworthy in Akron, Ohio, verbracht zu haben.* Ich wüßte zu gern, wie die moderne Wissenschaft *das* erklären will.

Das gleiche Phänomen ist auch in Tofus Schriften zu beobachten. Die erste Auflage seines bereits zum Klassiker avancierten Werkes *Satori für Anfänger* enthält nicht ein einziges Wort, weil der Verlag, wenngleich er in jeder anderen Hinsicht die penibelste Sorgfalt bei der Herstellung des Buches walten ließ – die Paginierung ist tadellos, die Bindung mustergültig –, vollkommen vergaß, den Text abdrucken zu lassen! Interessanterweise ließen sich weder die Leser noch die führenden Kritiker (auch die Besprechungsexemplare waren – wenn man vom Copyright-Vermerk absieht – bar jeden Inhalts) von diesem Umstand abschrecken: Das Buch war sofort nach Erscheinen restlos ausverkauft und wurde in der einschlägigen Presse als »Demut einflößend« *(Midwestern Yogi)* und »von brillanter Beschränktheit« *(Kwatz)* gepriesen. Der Verleger, nicht auf den Kopf gefallen, schärfte der Druckerei sofort ein, darauf zu achten, daß auch jede künftige Auflage unbedruckt bliebe (aufgrund eines bedauerlichen Fehlers enthielt eine Auflage zwar doch Text, aber glücklicherweise fiel das niemandem weiter auf).

Natürlich muß man bei einer so bedeutenden und vielseitigen, dem unermüdlichen Experimentieren gewidmeten Karriere wie der des Roshi auch darauf gefaßt sein, einigen Irrtümern zu begegnen; und in der Tat ermangelte Tofus rastlose Suche nach der Wahrheit nicht gänzlich der Schnitzer. Seine glücklosen Versuche etwa, seine Schüler über die Stufe des vollen Lotossitzes hinauszuführen und ihnen seine einzigartige Erfindung – den

10

anderthalbfachen Lotos – beizubringen, zogen zahlreiche Schadensersatzklagen nach sich, von deren Folgen sich der Roshi noch nicht völlig erholen konnte. Die von ihm entworfenen nadelspitzen, pyramidenförmigen Meditationskissen *(Zafu)* erwiesen sich als so eklatant unbequem, daß sie selbst die gewissenhaftesten und entschlossensten Sitzer abschreckten. Und des Meisters grundlegende Mißdeutung der berühmten »zehn Ochsenbilder« führte zu ernsthaften Auseinandersetzungen mit seinen Nachbarn – unverbildeten Vermonter Bauern –, die zu guter Letzt die Schließung seines Berg-*Zendos* erzwangen. Es ist nicht unwahrscheinlich, daß diese sanftmütigen Milchviehhalter ihm alles übrige nachgesehen hätten; doch als sie vorbeikamen und ihre gestohlenen Kühe zurückverlangten und der Roshi unbeirrt fortfuhr, ihnen lautstark und wiederholt »Mu!« entgegenzurufen, mißinterpretierten sie seine Handlungsweise und gelangten zu dem Schluß, er wolle zu allem Überfluß auch noch ihre einfältige Lebensweise verspotten.

Abschließend können wir von Tofu Roshi mit Fug und Recht behaupten, er sei – mehr als jeder andere Zen-Adept – der beste lebende Beweis dafür, daß »Form nichts als Leere, Leere nichts als Form« ist. Gleichgültig, welcher Weg Sie auch zu ihm führen mag: Sie werden merken, daß Sie sich anschließend – von keinerlei Erinnerung an die Begegnung belastet – unbeirrt in dieselbe Richtung weiterbewegen. Schrieb nicht Ch'ao Shih Chien:

> Mehrere Vögel, die desselben Asts bedürfen.
> Eine Kirschblüte halb herabgefallen.
> Ich weiß nicht mehr, was ich sagen wollte.
> Oder war es jemand anderes?

Und da wir schon davon reden – ich habe nicht die blasseste

Ahnung, warum ich mich an die Abfassung dieses Was-immer-das-sein-mag gemacht habe; doch es ist ganz gewiß eine angenehme Art gewesen, die Zeit rumzubringen, und ich gucke den lustigen leuchtenden Buchstäblein sehr gern dabei zu, wie sie quer über den Bildschirm purzeln.

Außerdem habe ich dadurch die Gelegenheit, Ihnen einen schönen Tag zu wünschen.

Gahan Wilson

12

Einleitung

Meine erste Begegnung mit Tofu Roshi fand 1975 beim polizei-
lichen StVO-Auffrischungskurs für Verkehrssünder statt. Die Vereinigten Staaten hatten sich aus Vietnam zurückgezogen, und
ich war auf der Suche nach einem spirituellen Weg, hielt Ausschau nach einem wirklichen Lehrmeister. Wie viele andere
ehemalige Aktivisten der Sechzigerbewegung war ich zur Einsicht gelangt, daß meinem politischen Bewußtsein, ja meinem
ganzen Leben, ein wichtiges Element abging. Ich fühlte mich
inwendig hohl, und meine innere Inhaltslosigkeit entsprach vollkommen der gähnenden Leere um mich herum. Freunde
schleppten mich zu den verschiedensten spirituellen Gruppen,
denen sie angehörten. Ich versuchte es mit Transzendentaler
Meditation, Sufitanz, Primärtherapie, Krishna-Bewußtsein und
Scientology... doch keine dieser Lehren sprach mich so recht
an. Die Leere blieb, düster und schwindelerregend; ich wurde
immer verzagter, und meine Haltlosigkeit wuchs und wuchs –
bis zu dem Punkt, daß ich schließlich bei einem Stoppschild
weiterfuhr, ohne zuvor das Kraftfahrzeug zum völligen Stillstand
gebracht zu haben.

Tofu Roshi war zum Auffrischungskurs verdonnert worden,
weil er in der falschen Richtung durch eine Einbahnstraße ge-
fahren war.

»Es gibt keine falsche Richtung«, sagte er zum Verkehrspolizi-
sten. Ich wußte damals noch nicht, daß er ein buddhistischer
Priester war – er trug einen Overall, und sein rasierter Schädel

war vollständig unter einer roten Wollmütze versteckt. Aber während der Mittagspause fiel mir auf, daß er sich vor seinem Erdnußbutter-und-Marmelade-Sandwich verneigte. Er hatte außerordentlich lange, baumelnde Ohrläppchen, die beim Verbeugen hin und her schlenkerten. Ich hielt ihn für einen dieser Berkeleyer Außenseiter, die sich, gerade noch mit Anstand, am Rande der Gesellschaft über Wasser halten.

Ich vergaß diesen – abgesehen von seinen Ohrläppchen – unscheinbaren Mann, bis ich ihn bei einem gemischten Aerobic-Kurs im CV wiedersah. Er war der einzige Mann in der Gruppe (glaubte ich jedenfalls); das machte einen positiven Eindruck auf mich, verriet es doch seinerseits eine gewisse Unabhängigkeit von überkommenen Geschlechterrollen. Diesmal sah ich, daß sein Kopf rasiert war. Er begrüßte mich mit dem Mahnwort: »Vorsicht im Straßenverkehr!«

»Anzahl erlaubter Fahrtrichtungen in einer Einbahnstraße?« erwiderte ich. Er lachte und streckte einen Finger in die Luft, als wollte er prüfen, aus welcher Richtung der Wind wehte.

Er bewegte sich mit einer für seine pummelige Gestalt bemerkenswerten Anmut und summte im Duett mit Donna Summer, während wir so die Beine schwangen. Als wir uns am Ausgang des CV trennten, brüllte er mir hinterher: »Nicht zwei!« Doch ich ging danach nie wieder zum Aerobic-Kurs, weil die Musik nicht zu meiner spirituellen Entwicklung beitrug. Ich wußte immer noch nicht, wer er war.

Unsere dritte Begegnung erfolgte ein paar Monate später im »Reinheit-Ist-Alles-Waschsalon«. Er faltete gerade seine saubere Wäsche in drei Stapel: braun, grau und schwarz. Als ich reinkam, lächelte er mich an.

»Noch in Topform?« fragte er. In letzter Zeit hatte sich bei mir eine deutliche Veränderung bemerkbar gemacht: Alles war noch trostloser geworden; ein Gefühl allumfassender Sinnlosig-

14

keit hatte sich meiner bemächtigt, und ich hatte mich in einem Zustand völliger Verzweiflung zum Waschsalon geschleppt, um verlorengegangene Socken zu suchen. Infolgedessen erkannte ich ihn nicht. Ich dachte, ein Unbekannter versuche, mich anzumachen, und antwortete nicht. Kurz darauf zog ich gerade rechtzeitig den Kopf aus einem Wäschetrockner wieder hervor, um zu sehen, wie er den Waschsalon verließ. Seine verräterischen Ohrläppchen schlappten vor und zurück. Ich rannte auf die Straße und holte ihn an der Ecke gerade noch ein.

»Tut mir leid«, keuchte ich, »ich hatte Sie zuerst nicht wiedererkannt. Ich verlier andauernd meine Socken!« Als ob das meine Unhöflichkeit irgendwie erklärt hätte. »Wohnen Sie hier in der Gegend?«

»Keineswegs«, nickte er. »Ich bin der Priester des Kein-Weg-Zen-Centers, hier die Straße runter. Hätten Sie nicht Lust, bei unserer Nachmittagsmeditation mitzumachen?«

Und so begann mein neues Leben. Die eiserne Disziplin der Zenpraxis schlug mich – von Tofu Roshis Lehren geführt und inspiriert – rasch in ihren Bann. Ich werde niemals den ersten Dharma-Vortrag vergessen, den ich von ihm hörte: »Wie man es aufgibt, sich zu bessern«. Als er die Woche darauf über »Das Wunder der Mittelmäßigkeit« sprach, wußte ich, daß ich meinen idealen Meister gefunden hatte. Im Laufe der nächsten paar Monate zog ich ins Kein-Weg-Zen-Center um (wo zu der Zeit ein knappes Dutzend »Interne« lebten), gab meinen Job in der Vegetarier-Pemmikan-Fabrik auf und fing an, als Tofu Roshis Sekretärin und »Mädchen für alles« zu arbeiten. Auf den folgenden Seiten werden Sie mehr über diese Ereignisse erfahren.

Ich war es, die Tofu Roshi dazu überredete, in unserem Lokalblatt einen spirituellen Briefkasten zu eröffnen, der den Bedürfnissen all jener verzweifelten Wahrheitssucher begegnen würde, die einsam, ohne eine helfende Hand, in der Finsternis umherirren. Ich wußte, daß Tofu Roshi in der Zen-Tradition der Soto-Schule ausgebildet worden war, ahnte jedoch, daß die Weite seines geistigen Horizonts auch die für eine große Vielfalt anderer spiritueller Wege typischen Probleme in sich begriff.

Wir kamen uns im Laufe der Jahre sehr nah – so nah es eben möglich war, ohne die Grenzen des Anstandes zu überschreiten. In einer von schändlichen Mißbräuchen der Lehrer-Schüler-Beziehung gekennzeichneten Epoche hat Tofu Roshi niemals seine Autorität als mein spiritueller Führer ausgenutzt. Nichtselbst verschmolz mit Nichtselbst, doch unsere physischen Leiber haben sich nie unterhalb der Kehle berührt, außer dem einen Mal, wo ich ihn aus Versehen zu Fall brachte, indem ich auf seine offenen Schnürsenkel trat und wir im Fahrradschuppen einander in die Arme stolperten.

Tofu Roshis persönliche Lebensgeschichte bleibt ein Rätsel. Manche meinen, er habe sein Noviziat in der Abtei Tresco, auf den Scillyinseln, absolviert, ehe er das »Kein-Weg-Zen-Center« in Berkeley, Kalifornien, eröffnete. Seine ethnische Zugehörigkeit ist unbekannt. Manchmal sieht er japanisch aus, manchmal wie ein russischer Jude, und schon im nächsten Augenblick, bei etwas anderer Beleuchtung, erinnert er mich an den irischen Hausmeister meiner Großmutter. Sein Englisch ist völlig akzentfrei, doch etwas altertümlich in der Wortwahl, etwa so, als habe er es vor hundert Jahren gelernt. Wenigstens *ein* Mitglied unserer Gemeinde ist davon überzeugt, er sei eine Frau. Obwohl ich ihn einmal beim Aerobic sah, trug er damals einen so weitgeschnittenen Trainingsanzug, daß ich außerstande bin, diese Theorie zu widerlegen. Eine andere Splittergruppe ist davon überzeugt, der echte Tofu Roshi sei längst tot und unser Meister sei in Wirklichkeit ein geschickter Hochstapler. Diese These wirft zwangsläufig die Frage auf, wer dann der Hochstapler sei, und – daran anknüpfend – wer gegenwärtig an die Stelle des

16

Hochstaplers getreten und die Lücke, die dieser hinterließ, zu schließen bemüht ist. Doch gemessen an der Ewigkeit sind solche Unterscheidungen völlig ohne Belang.

Tofu Roshi ist ein reiner Mensch (welchen Geschlechts auch immer), der, im großen und ganzen, im unbedingten Reich des Absoluten lebt. Als seinem »Mädchen für alles« obliegt mir die ehrenvolle Aufgabe, ihn auf dem laufenden zu halten, ihm die Zeitung vorzulesen und einige der eher weltlichen und zeitbezogenen Anspielungen zu erklären, die die an ihn gerichteten Briefe mitunter enthalten. Seine Kolumne hat mittlerweile eine so große Leserschaft, daß er es längst nicht mehr schafft, alle Fragen persönlich zu beantworten. Zur Zeit halten ihn seine Lehrverpflichtungen ohnehin vom »Kein-Weg-Zen-Center« fern, in der Alltagswelt ganz normaler Menschen, und so liegt die Betreuung der Briefkastenrubrik völlig in meinen Händen. Bis auf den heutigen Tag stammen allerdings alle für die Veröffentlichung bestimmten Antworten von Tofu Roshi selbst, und ich schreibe sie nur nach seinem Diktat nieder. Ich bin mir, ehrlich gesagt, nicht hundertprozentig sicher, ob er überhaupt lesen und schreiben, ja sich die Schuhe zubinden kann. Bei den seltenen Gelegenheiten, in denen er Schuhe mit Schnürsenkeln tragen muß, findet er entweder einen Vorwand, um sie sich von mir binden zu lassen, oder er läuft mit schleifenden Senkeln herum. Seine neidischen Kritiker haben die gehässige Vermutung geäußert, er sei nur deswegen Zen-Meister geworden, weil das einer der wenigen Berufe ist, die sich für jemanden eignen, der weder lesen noch schreiben noch Schuhe zubinden kann, doch ziemt es sich für einen Jünger des Buddha nicht, solch müßigem Klatsch Gehör zu leihen.

Wie oben angedeutet, hält das mitfühlende Interesse, das Tofu Roshi allen Wesen – nicht nur Zen-Schülern – entgegenbringt, ihn neuerdings die meiste Zeit fern von unserem Center.

Die spirituelle Kummerkastenkolumne, die so lange Zeit so vielen Menschen ein Wegweiser in der Not gewesen ist, befindet sich gegenwärtig in einem Stadium des Umbruchs. Dies scheint der günstigste Zeitpunkt zu sein, um einen Band mit ausgewählten Briefen zu veröffentlichen; Briefe, die – wie wir meinen – den alltäglichen Bedürfnissen des durchschnittlichen satoriwärts stolpernden Amerikaners Ausdruck zu verleihen und sie zu stillen imstande sind. Es ist schließlich Männern (?) wie Tofu Roshi zu verdanken, wenn der Keim des Buddhismus so starke Wurzeln ins Erdreich des amerikanischen Geistes zu schlagen beginnt.

Ich habe die Briefe entsprechend ihres Gegenstands in sieben Kapitel unterteilt. Jeder dieser Abteilungen schicke ich jeweils einige Bemerkungen über meine eigenen Erfahrungen als Tofu Roshis Jüngerin voran. Diese persönlichen Kommentare bilden eine chronologische Berichterstattung, die sich wie ein roter Faden durch das ganze Buch zieht. Ich hoffe von Herzen, daß die Geschichte unserer ganz besonderen Lehrer-Schüler-Beziehung dazu dienen möge, die Briefe in den größeren und kunstvoll gewirkten Kontext einzubinden, den Tofu Roshis Leben darstellt – jenes Netz Indras, in dessen Maschen wir alle wie schimmernde zappelnde Fischlein gefangen sind.

Tofu Roshi und ich sprechen den folgenden Personen, die uns bei der Briefkastenkolumne beratend zur Seite gestanden haben und deren mitleidvolles Verständnis, einem unerschöpflichen Brunnen gleich, bei jeder Beanspruchung unsererseits reiche Frucht getragen hat, unseren besonderen Dank aus: Zea Morvitz, Ron Nestor, Bob Poulsen, Henri Picciotto, Maylie Scott und Emily Sell.

Susan Ichi Su Moon
Kein-Weg-Zen-Center, 1988

1. Wie man meditiert

»Ich scheine mehr aus- als einzuatmen«

In diesem ersten Kapitel geht Roshi auf einige der häufigsten Probleme ein, mit denen Menschen während der Meditation zu kämpfen haben. Anfänger quälen natürlich ganz elementare, grundsätzliche Fragen in bezug auf die Meditationspraxis, wie zum Beispiel: »Kann man es auch im Liegen und mit geschlossenen Augen machen?« Darüber hinaus können alte Hasen sich unbewußt die eine oder andere Unart angewöhnt haben (eine schlechte Sitzhaltung oder falsche Weise, sich zu konzentrieren), wenn nicht sogar auf subtilere Probleme stoßen – etwa die besorgniserregende Empfindung, sich in ein frisches Gemüse zu verwandeln; auch für *sie* ist das Korrektiv einer sachkundigen Belehrung von größter Wichtigkeit. Das Reich der Meditation steckt voller Fallgruben für Körper und Geist. Manchmal purzelt der Körper hinein, manchmal der Geist, und in den folgenden Briefen zieht sie Tofu Roshi beide wieder heraus.

Im Zen-Buddhismus nennen wir unsere besondere Art von Meditation »Zazen«; und im Kein-Weg-Zen-Center wird von Neuankömmlingen erwartet, daß sie sich zuerst in der richtigen Zazensitzweise unterweisen lassen, ehe man ihnen gestattet, an einer regulären vierzigminütigen Meditation teilzunehmen. Wie deutlich entsinne ich mich heut noch meiner ersten Zazen-Unterweisung, die mir Tofu Roshi höchstpersönlich an jenem schicksalhaften Tag erteilte – dem Tag, da ich statt meiner Sokken meinen Meister fand! Ich hoffe von Herzen, daß auch andere aus meiner Erfahrung lernen mögen.

Bevor ich mit meiner Erzählung beginne, muß ich Ihnen ins Gedächtnis zurückrufen, in welch einer labilen psychischen Verfassung ich mich damals befand. Im Verlaufe meiner Suche nach spiritueller Führung hatten meine Hoffnungen abwechselnd Auftrieb und einen gewaltigen Schlag erhalten, Auftrieb und Schlag, wie ein Volleyball, der immer wieder über Indras Netz geschmettert wird. Aber etwas an diesem einfachen Mann – vielleicht die Tatsache, daß er seine Wäsche selbst faltete – ließ mich erneut hoffen. Und doch erwartete ich – im selben Augenblick, da ich hoffte –, meine Hoffnung scheitern zu sehen, wie einen Basketball, der einen langen Augenblick lang auf dem Ring torkelt – und dann außerhalb des Korbes des Rechten Verständnisses zu Boden fällt.

Ich hatte schon Herzklopfen, als wir zusammen vom Waschsalon zum Zen-Center liefen. Ich zog meine brandneuen Birkenstocks aus, legte sie in ein schönes Schuhregal aus Rosenholz und folgte Tofu Roshi in das Zendo. Wir waren ganz allein, nur wir zwei, mit splitternackten Füßen, im dämmrigen Halbdunkel eines heißen Sommernachmittags. Das einzige Licht kam durch hohe schmale Fenster direkt unter der Zimmerdecke. Die Luft war schwer vom schwülen Duft der Rosen auf dem Altar. Ebenso ängstlich, aufgeregt und schüchtern wie eine junge Braut in der Hochzeitsnacht setzte ich mich auf ein rundes schwarzes Kissen, von dem ich später erfahren sollte, daß es Zafu heißt. Ich sah Schweißperlen auf der Stirn des Zen-Meisters – und dann hörte ich, wie er sagte, ich solle meinen Gürtel öffnen und meine Hose aufknöpfen. Für einen kurzen Augenblick saß ich da wie gelähmt, geschockt von der Lust, die plötzlich ihren häßlichen Kopf aufgebäumt hatte, während mit der sommerlichen Brise die Brunftlaute läufiger Kätzinnen träge hereintrieben. Ein Teil von mir wollte es sogar tun! Doch mit einem Mal kam ich wieder zur Besinnung: Ich sprang wie von

der Tarantel gestochen hoch und griff mir einen großen abge-
flachten Stock, der auf dem Altar lag.

»Ich hab schon von Lehrern Ihrer Sorte gehört«, schrie ich mit
gezücktem Knüppel. »Sie werden mich nicht mißbrauchen! Ich
weiß, was Sache ist, und ich hab nicht vor, hier mit Ihnen Sachen
zu machen!« Ich ließ den Stock drohend durch die Luft sausen,
als erwartete ich den gegnerischen Wurf. In der Highschool
hatte ich zur Damen-Softballmannschaft gehört.

»Du hast das Herz einer Löwin«, sagte Tofu Roshi mit sanfter
Stimme, »und schon bald werden wir dich die richtige Verwendung des Stockes lehren. Einstweilen genüge dies zu deiner
Beruhigung: Der einzige Grund, weswegen wir die Leute bitten,
ihren Gürtel zu öffnen, ist, um ihnen eine tiefe und entspannte
Atmung zu ermöglichen. Es hat nichts mit Sex oder Baseball zu
tun. Im Zendo gibt es keine Feindbilder.

Sammle dich«, fuhr er fort, »und wenn du bereit bist für die
Zazen-Unterweisung, kannst du mich holen. Ich bin beim Komposthaufen.« Und ließ mich und meinen Stock im Zendo stehen.
Ich jagte ein paar Bälle weit ins rechte Außenfeld, legte den
Schläger an seinen Platz zurück, setzte mich hin und heulte und
schämte mich in Grund und Boden. Wieder hörte ich draußen
die Katzen kämpfen oder sich begatten und zwischen ihren
sehnsüchtig jaulenden Rufen ein rhythmisches Scharren, das
von Tofu Roshis Schaufel im Kompost herrühren mußte. Eine
Stimme begann eine vertraute Melodie zu summen – was war
das nochmal? –, um dann plötzlich in einen lauten Gesang aus-
zubrechen: »Alle meine Entchen . . .«

Ich wischte mir mit dem Ärmel die Tränen aus dem Gesicht
und stand auf.

Viel später gelangte ich zu einer ganz anderen Beurteilung
meiner damaligen hysterischen Reaktion. Selbsterkenntnis ist
etwas Grauenerregendes. Am Rande des Abgrunds meiner

selbst, wo ich damals gestanden hatte, holte ich mit jenem Stock nicht – wie ich meinte – gegen Tofu Roshi, sondern gegen meine eigene Buddha-Natur aus. Ich erhob den Stock gegen die Bauchatmung, dagegen, die Dinge so zu sehen, wie sie sind, dagegen, eine Erwachte zu werden – ja, gegen den Erwachten selbst. Für den Fall, daß ich da drin Buddha begegnete, wollte ich ihm klarmachen, daß ich mich nicht von ihm würde austricksen lassen.

Ich traf Tofu Roshi im Kompost an, und wir kehrten gemeinsam zum Zendo zurück; ich mit eingezogenem Schwanz. In dieser kleinlauten Verfassung hatte ich also meine erste Zazen-Erfahrung. Ich setzte mich Tofu Roshi gegenüber hin, und er zwinkerte und lächelte mir ermutigend zu, als ich unaufgefordert meinen Gürtel öffnete. Unter beträchtlichen Schmerzen und Mühen gelang es mir, die Beine nach seinen Anweisungen in einen halben Lotos zu verrenken.

»Auf geht's«, sagte ich mir und begann zu atmen. Ich wollte die Erleuchtung, und ich wollte sie schnell. Aber Woge um Woge der haarsträubendsten Schmerzen spülte über mich hinweg, und nach einer Ewigkeit, die sich wie zehntausend Kalpas anfühlte, aber wahrscheinlich nicht mehr als derer fünf betrug, kippte ich um. Da lag ich auf dem Rücken wie eine umgedrehte Schildkröte, die Hände noch in ihrer Mudra versiegelt, die Augen noch in einem Winkel von fünfundvierzig Grad niedergeschlagen – was jetzt bedeutete, daß mein Blick genau auf eine flauschige Wolke mitten im blauen Himmel vor einem der Fenster fiel. Wie ich so dalag und rücklings Zazen saß, schwang sich mein Geist hoch empor, weit über meinen erdschweren Körper hinaus, und zerschmolz in der Weiße der Wolke wie ein Klecks Butter auf einer Kelle Kartoffelbrei. Das war es: *Es* – das Nirvana! Nun hatte ich den Kreislauf der Wiedergeburten überwunden und war – endlich! – am anderen Ufer erwacht.

22

Meine angenehme Träumerei fand ein plötzliches Ende. Tofu Roshis Stimme teilte mir mit, meine Zazen-Haltung sei wirklich in jeglicher Hinsicht mustergültig; nur, daß die Wirbelsäule eigentlich *senkrecht* stehen müsse. Er schob mir den bereits erwähnten flachen Stock unter den Rücken und wuchtete mich hoch – *dafür* brauchte man das Ding also! Nun nahmen meine Augen wieder die Astlöcher im Fußboden in sich auf, die jetzt aber in schier unermeßlicher Schönheit schimmerten und ineinandergriffen wie die olympischen Ringe.

»Tofu Roshi«, flüsterte ich, »ich glaube, ich hatte grade die Erleuchtung.«

Wenn ein Zen-Schüler meint, er sei wirklich erwacht, muß seine Erfahrung im Rahmen eines Zwiegesprächs mit einem Meister verifiziert werden. Die Prozedur ist durchaus einer mündlichen Prüfung vergleichbar, wie man sie zur Erlangung eines Doktorgrades oder eines Führerscheins Klasse IV ablegt. Der Lehrer fühlt dem neuerlangten Bewußtsein des Schülers auf den Zahn, wobei er sein Augenmerk namentlich auf Tiefe, Aufrichtigkeit, Ausgelöschtsein des Selbstgefühls sowie die Fähigkeit richtet, entlegene Textstellen zu zitieren. Später erfuhr ich, daß es ausgesprochen ungewöhnlich ist, daß jemand schon während des Sitzenlernens die Erleuchtung erlangt. Ich wäre sogar der erste Fall überhaupt in den Annalen des Buddhismus gewesen.

Nein – ich hatte nicht das Große Erwachen erfahren. Tofu Roshi prüfte mich umgehend und entschied, daß es sich um eine *Makyo*-Erfahrung gehandelt habe – eine auf Täuschung beruhende Halluzination, die nicht mit wahrer Erleuchtung verwechselt werden dürfe und in meinem Fall durch die Anspielung auf Kartoffelpüree eindeutig als solche zu erkennen sei. Wenn ich an meine damalige Ignoranz zurückdenke, läuft es mir kalt den Rücken runter. Aber Tofu Roshi hat mich gelehrt, mir selbst zu verzeihen. Wo fangen wir an, wenn nicht bei unserer eigenen Unwissenheit?

Wenn mir auch schon nicht die unübertroffene, vollständige, vollkommene Erleuchtung zuteil geworden war, so halte ich doch wenigstens einen köstlichen Vorgeschmack davon bekommen. Ich fühlte eine besonders innige Verbundenheit mit Tofu Roshi, und ich wußte, daß ein karmischer Zusammenhang mich zum Kein-Weg-Zen-Center geführt hatte. Doch als ich aus dem Zendo trat, waren meine neuen Birkenstock-Clogs auf geheimnisvolle Weise vom Schuhregal verschwunden, und ich vollendete die Reise, die als eine Suche nach Socken begonnen hatte, barfuß. So erfüllte mich eine Mischung aus Enthusiasmus und Hoffnung, die Clogs wiederzufinden, als ich anderntags wiederkam, um Zazen zu sitzen; und am Tag darauf; und am Tag darauf. Es vergingen Jahre, bis ich die Clogs wiederfand. Wenn ich sie eher gefunden hätte, wäre ich vielleicht auf dem spirituellen Weg nicht ganz so weit gekommen.

Ich erzähle Ihnen meine Geschichte, damit Sie sich – wenn Sie ein Anfänger sind – nicht von ungewohnten Empfindungen während der Meditation beirren lassen. Zweitens: Zögern Sie nicht, die Hose zu öffnen. Solange Sie sie *anbehalten*, laufen Sie keine Gefahr, während der Meditation schwanger zu werden – selbst wenn Sie eine Frau sind.

Lieber Tofu Roshi,

wenn ich meditiere, scheine ich mehr aus- als einzuatmen und fühle mich am Ende der Meditation dementsprechend ziemlich ausgepumpt. Was sollte ich Deiner Meinung nach tun?

Prudence Vogelpfiff

Liebe Prudence,

richtige Atemtechnik ist in weiten Kreisen Gegenstand beträchtlicher Unkenntnis. Du bist nicht die einzige, die damit Probleme hat. Deinem Brief glaube ich entnehmen zu können, daß Du möglicherweise einen ziemlich weitverbreiteten Fehler begehst: Du atmest häufiger aus als ein. Das ist auch der Grund, weshalb wir empfehlen, die Atemzüge zu zählen. Nur durch Zählen kannst du vollkommen sicher sein, daß du exakt ebensooft aus- wie einatmest. Eine meiner Schülerinnen bedient sich zu diesem Zweck zweier Taschenrechner. Mit der linken Hand addiert sie die Einatmungen, während sie mit der Rechten über die Ausatmungen Buch führt. Am Ende der Meditation vergewissert sie sich, daß beide Rechner dasselbe Ergebnis verzeichnen. Im Falle einer Diskrepanz nimmt sie sich noch einen Augenblick Zeit, um den Ausgleich herbeizuführen, indem sie die jeweils errechnete Differenz an Ein- oder Ausatmungen nachholt. Am besten ist es allerdings – sofern irgend möglich – zu alternieren: einmal einatmen, einmal ausatmen, und dann wieder bis an den Anfang des Zyklus zurückkehren und das Ganze wiederholen. Das ist ein grundlegendes Prinzip im Zen.

Lieber Tofu Roshi,

jedesmal, wenn ich mich zum Meditieren hinsetze, fängt das Lied »Fuchs du hast die Gans gestohlen« an, mir durch den Kopf zu gehen. Ist mir noch zu helfen? Ich bin schon gans fix und fertig.

Lorenza

Liebe Lorenza,

wenn's nach Buddha geht, ist jedes Lied ein Sutra, jede Melodie ein Mantra. Chante dieses Lied als Teil Deines täglichen Rituals, unmittelbar im Anschluß an das Herzsutra. Verwende dazu die schöne japanische Übersetzung, die Du in der reichhaltigen wissenschaftlichen Anthologie »Sutras am Lagerfeuer« finden wirst.

Lieber Tofu Roshi,

wenn ich meditiere, werde ich andauernd von unangenehmen körperlichen Empfindungen abgelenkt, und es kommt mir vor, als ob ich die ganze Zeit damit zubringe, gegen Hunger, Müdigkeit oder Schmerz anzukämpfen. Bitte hilf mir, die rechte Sammlung zu erlangen.

Bill

Lieber Bill,

werde eins mit allem, was in deinem Körper vor sich geht. Lerne, Deine Empfindungen in all ihren Einzelheiten zur Kenntnis zu nehmen. Eine gute Zeit, um das zu üben, ist während des Essens. Inwiefern verändert sich beim Kauen das Gefühl, das die Brokkoli in Deinem Mund verursachen? Werde *selbst* zur warmen grünen Weichheit, die Zahnfleisch und Zunge umschmeichelt.

Stelle keinerlei Vermutungen über die Beschaffenheit Deiner Gefühle an. Ziehe keine vorschnellen Schlüsse. Versieh Deine Empfindungen nicht mit dem Etikett »gut« oder »schlecht«. Warte ab und beobachte. Sage Dir nicht: »Ich habe Hunger, ich habe Schmerzen, ein Skorpion sticht mich gerade in den linken Fuß.« Sei schlicht eins mit den Empfindungen »Wärmeentwicklung, Kribbeln, Stechen, Brennen, Schwellung der Zehen und so weiter«, ohne sie begrifflich umzusetzen. Und denke immer daran: Was deine Erfahrung auch immer sei, sie ist ein rein neurologischer Vorgang. Die eigentlichen Empfindungen ereignen sich genaugenommen oberhalb des Atlaswirbels, zwischen den Ohren, unter der Platte oder Matte. Vielleicht geschieht jenseits der Grenzen Deines Schädels überhaupt nichts!

Lieber Tofu Roshi,
mein Problem sind Blähungen während der Meditation.

Kurtz

Lieber Kurtz,
in welcher Hinsicht macht Dir dieses Problem zu schaffen? Wenn es Deine Blähungen sind, vergiß nicht, daß sie sich – wie alles andere auch – früher oder später in Luft auflösen werden. Und solange Du damit beschäftigt bist, könntest Du außerdem auch *diese* tiefen Ausatmungen zählen. Wenn es Deines Nächsten Blähungen sind, sage Dir, daß, wenn einer furzt, alle Wesen furzen, ohne Unterschied von Geschlecht oder Kaste. Wenn die Blähungen für Dich ein theoretisches Problem bedeuten, dann höre auf, Dir Gedanken darüber zu machen. Es ist dies eine Frage von nur geringer spiritueller Relevanz.

Lieber Tofu Roshi,

ich bin eine vielbeschäftigte Hausfrau und alleinstehende Mutter von vier strammen Buben. Seit mehreren Jahren schon stehe ich jeden Morgen um fünf auf, um Zazen zu sitzen. Das hat mein ganzes Leben verändert. Während meiner Morgenmeditation kann ich mir ungestört ausdenken, was es zu Mittag geben wird, mir im Geiste einen Einkaufszettel machen, mir überlegen, welcher der Jungs heute abend in die Badewanne muß, wer mit Müllraustragen dran ist und welche Farbe die neuen Wohnzimmervorhänge am besten haben sollten. Es ist eine wirklich einmalige Gelegenheit, um positive Strategien zur Lösung familiärer Probleme zu entwerfen. Dank Zazen hat sich mein Familienleben unglaublich verbessert. Wir haben fest eingeplante gemeinsame Stunden, und meine Kinder sind sauber und wohlgenährt.

So war es jedenfalls bis vor kurzem. Aber jetzt läuft einiges ganz schön schief. Wenn ich mich in letzter Zeit hinsetze, um zu meditieren, wird mein Kopf völlig leer. Ich scheine mich nicht auf die Zutaten einer Thunfischkasserolle konzentrieren zu können. Ich vergesse alles, was mit der Zukunft zu tun hat, und merke, daß ich nur noch auf die allerbelanglosesten Dinge achte – wie das kitzlige Gefühl in den Nasenlöchern, das ich von der ein- und ausgehenden Atemluft bekomme. Manchmal kriege ich sogar dieses komische schwindlige Gefühl und vergesse, wer ich bin. Nichts scheint eine eigene Bedeutung mehr zu haben. Bin ich dabei, den Verstand zu verlieren?

Mutti auf dem Trip

Liebe Mutti,

strahlende Herrlichkeit ist nichts besonderes, und deswegen hast Du sie auch nicht erkannt. Aber viele Menschen würden sonstwas für dieses kitzelige Gefühl in den Nasenlöchern geben.

Sehr geehrter Tofu Roshi,

ich bin Professor für Neurophysiologie an der Medizinischen Fakultät der Harvard University und bin sehr in Sorge um einen Kollegen, der mit aller Gewalt etwas praktiziert, das er als »Zazen« bezeichnet, ich aber »Hyperneurooxidation« nenne.

Damit das menschliche Gehirn richtig funktioniert, ist es erforderlich, daß das Blut einen ganz bestimmten Sauerstoffgehalt aufweist. Untersuchungen von Bergsteigern und nomadischen Stämmen, die sich vornehmlich in hochgelegenen Gebirgsregionen aufhalten, in denen die Atmosphäre einen prozentual geringeren Anteil an Sauerstoff enthält, haben bei den betreffenden Personen schwere Gehirndysfunktionen aufgrund von Sauerstoffmangel nachgewiesen: In den höheren Lagen des Himalaya findet man beispielsweise so gut wie niemanden, der imstande wäre, ein beliebiges Wort fehlerfrei zu buchstabieren. Mittlerweile liegen uns erste Forschungsergebnisse vor, die den Verdacht nahelegen, daß ein Übermaß an Sauerstoff nicht minder gefährlich sein kann als ein entsprechender Mangel.

Ich beschwöre Sie, Ihre Leser vor diesem Risikofaktor zu warnen. Meinen Informationen zufolge impliziert Zazen länger anhaltende tiefe Atmung – mit anderen Worten: chronische Hyperventilation, deren unmittelbare Folge besagte Hyperneurooxidation ist, welche wiederum zu irreparablen Hirnschäden führen kann.

Sie werden mir gewiß darin recht geben, daß Sie – als ein Hauptverantwortlicher – Ihre Leser darüber aufklären müssen, daß Zazon ihnen die Fähigkeit rauben kann, zwischen rechts und links zu unterscheiden; oder sie zu Narkoleptikern machen kann, die beispielsweise – wie im Falle meines Kollegen – mitten in einer Fakultätssitzung einschlafen. Manche Forscher sind der Ansicht, daß auch die visuell-motorische (Augen-Hand-) Koordination in Mitleidenschaft gezogen wird, was – bei chronischer Zazen-Hyperneurooxidation – die Unfähigkeit zur Folge haben kann, selbst einfachste Tätigkeiten wie Schuhezubinden zu verrichten. Eine Vielzahl weiterer, bislang nicht erforschter Nebeneffekte ist gleichfalls nicht auszuschließen.

Dr. John James

Lieber John,

wir lernen wahrhaftig nie aus. Findest Du es nicht bemerkenswert, daß trotz der Tatsache, daß Zazen seit Tausenden von Jahren Hyperneurooxidation verursacht, die Menschen es immer noch gern machen? Ich halte es übrigens für nicht sonderlich wichtig, daß man imstande ist, links von rechts zu unterscheiden; bei rechtem Licht betrachtet, ist das eine praktisch ganz genauso wie das andere. Das bedeutet, wenn man die zwei nebeneinander legte, wären sie völlig identisch.

Lieber Tofu Roshi,

ich lasse mich leicht von Geräuschen ablenken, während ich Zazen sitze. Neulich versuchte jemand, direkt vor dem Fenster unseres Zendo sein Auto anzulassen.

Dreiundsechzigmal hat er es versucht! Die paar Male, wo der Motor tatsächlich ansprang, schien das ganze Zendo seinen kollektiven Atem anzuhalten – bis der Motor wieder absoff. Als ich die Meditationshalle verließ, war ich mit den Nerven völlig am Ende, und ich kam zähneknirschend und nägelkauend zur Arbeit. Mein Boß sagte: »Sie sehen ein bißchen angespannt aus. Warum versuchen Sie es nicht mit Meditation?« Wie kann ich inneren Frieden erlangen?

Ablenkbar

Lieber Ablenkbar,

es heißt, daß der Gesang des Vogels vor dem Zendofenster uns nicht stören wird, wenn wir begreifen, daß wir selbst der Vogel sind und der Vogel wir ist. Wir stehen zugegebenermaßen vor einer schwierigeren Aufgabe, wenn es darum geht, eins zu werden mit dem Auto, das nicht anspringt.

Stell Dir Deine Arme und Beine als Räder vor, Deine Augen als Scheinwerfer, Deinen Bauch, oder *Hara*, als Vergaser. Das Zabuton, auf dem du sitzt, sollte fünf Zentimeter über den Rand der Hinterreifen ragen. Die linke vordere Radkappe ruht leicht auf der rechten vorderen Radkappe.

Lieber Tofu Roshi,

wenn ich meditiere, zucken die Muskeln meines rechten Beines unwillkürlich, und das Knie klopft auf den Boden. Es ist mir sehr peinlich, und ich kann nichts dagegen unternehmen.

Zucker

Lieber Zucker,

leichte Zuckungen wie die Deinen sind während der Meditation außerordentlich weit verbreitet. Neurologische Fehlfunktionen im Zustand des Samadhi haben eine lange und ehrwürdige Tradition. Was glaubst Du, wie die Quäker und die Shakers zu ihrem Namen gekommen sind? Schau nur im Konversationslexikon nach. Und in der östlichen Tradition haben wir etwa den Fall des Meisters Fu Shu, dessen Hände aus freien Stücken die einzigartige Fingerhakelmudra einnahmen und sich gegenseitig bekämpften. Dann gab es noch die tibetische Priesterin Sihs Bu Mbang, die an Zuständen in Armen und Stimmbändern litt, dergestalt, daß sie – wenn sie in tiefer meditativer Versenkung war – sich in unregelmäßigen Abständen mit den Fäusten gegen die Brust schlug und dabei »Hao tse, Hao tse, immer in die Shnao tse!« chantete. Du hast überhaupt keinen Grund, Dich zu schämen.

Lieber Tofu Roshi,

ich kann nicht auf dem Fußboden sitzen. Soviel ich weiß, steht dieser Umstand meinem spirituellen Aufstieg beträchtlich im Wege. Was tun?

Ungelenk

»Wenn du auf einem Hocker sitzt, der auf einem Stuhl sitzt, der auf einem Tisch sitzt, der auf dem Fußboden steht, dann sitzt du auf dem Fußboden.«

Liebes Ungelenk,

viele Menschen haben ganz genau dieselben Schwierigkeiten. Wer erst in fortgeschrittenem Alter *Den Weg* einschlägt, tut sich besonders schwer damit, seine Beine zu verknoten. Auch einige übermäßig »verklemmte« junge Leute kennen dieses Problem.

Es könnte sich für Dich als hilfreich erweisen, die Knoten anfangs an einem Stück Tau zu üben. Jeder von uns sollte schließlich Kreuzknoten, Webleinstich, Fallreepsknoten, Rundtörn und Leesegelfallstek kennen. Sobald Du diese Knoten am Seil beherrschst, übertrage deine Kenntnisse auf die Beine.

Eine andere mögliche Verfahrensweise ist innenarchitektonischer Natur. Meißle ein Fußbett in den Fußboden Deines Zimmers, und Du wirst dadurch nicht nur einen deutlich bequemeren Zazensitz, sondern auch eine Verschönerung Deines Heims erzielen.

Tue Dein Bestes und vergiß eines nicht: Wenn Du auf einem Stuhl sitzt, und der Stuhl steht auf dem Fußboden, sitzt Du auf dem Fußboden. Wir können sogar sagen: Wenn Du auf einem Hocker sitzt, der auf einem Stuhl sitzt, der auf einem Tisch sitzt, der auf dem Fußboden steht, dann sitzt Du auf dem Fußboden. Paß auf, daß Du nicht vom Fußboden runterfällst.

Lieber Tofu Roshi,

bei jedem Sesshin überfällt mich der fast unwiderstehliche Drang, Eis essen zu gehen. Zwischen den Sesshins denke ich eher selten daran.

Es gibt eine ausgezeichnete Eisdiele gleich um die Ecke, fünf Minuten zu Fuß von unserem Zendo. Und während der Sesshins haben wir nach jeder Mahlzeit eine Pause von zwanzig Minuten. Also habe ich mir letztes Mal einen genauen Plan zurechtgelegt.

Während des Früh-Zazen dachte ich an einen California-Becher mit Früchten und Karamelsoße. Während unseres Frühstücks mit Reisgrütze, Seetang mit Möhrchen und angegorenem Sojaquark dachte ich weiter daran.

Als die Pause kam, machte ich mich auf den Weg zur Eisdiele, schaute dabei deutlich unbeteiligt ins Blaue und versuchte so auszusehen, als sähe ich die Dinge so, wie sie sind. Das Eiscafe (es ist zugleich eine Snackbar) war gerammelt voll von Leuten, die an diesem Sonntagmorgen auswärts frühstückten. Ich bestellte meinen California-Becher und sagte, sie möchten die Maraschinokirsche weglassen. Als ich endlich bedient wurde, blieben mir etwa drei Minuten Zeit, um den Eisbecher aufzuessen. Er war wirklich köstlich, alles was recht ist, auch wenn ich mich mit Karamelsoße bekleckerte und die Leute mich komisch ansahen.

Ich trat abgehetzt und mit ein paar Minuten Verspätung durch die Tür des Zendo. Ich gab mir alle Mühe, den Eindruck zu erwecken, als ob ich meine Atmung genösse, und als ich an meinen Platz kam, lag mitten auf dem Zafu eine Maraschinokirsche.

Was hat das zu bedeuten? Es war mir so peinlich, daß ich sie unter der Sutrakarte versteckt habe.

Sue Ann

Liebe Sue Ann,
warum hast Du Dich nicht draufgesetzt? Was ist eine Maraschinokirsche denn anderes als ein winzig kleines rotes Zafu? Buddha ist überall.

2. Richtige Form und Ritual

»Ein verheddertes Stück benutzte Zahnseide
klebte unter meinem Strumpf«

Der Zen-Weg ist dafür bekannt, riesig große Stücke auf Form und Ritual zu halten, und er hegt – wie andere östliche Religionen ja auch – einen sehr großen Respekt für Tradition und Autorität. Vielen Amerikanern bereitet dies Probleme; sie haben irgendwie das unbestimmte Gefühl, daß die Praxis der Verbeugung – um nur ein Beispiel zu nennen – gegen die Verfassung verstößt. Ich habe mich bei der *Amerikanischen Bürgerrechtsunion* informiert und ganz im Gegenteil erfahren, daß das Recht, sich zu verbeugen, von der Verfassung garantiert wird. Kein Problem also, was das angeht. Doch als man uns sagte, daß wir im Zendo selbst an heißen Tagen Hemden mit langen Ärmeln zu tragen hätten, fühlte ich mich verpflichtet, Tofu Roshi daran zu erinnern, daß die Verfassung uns auch das Recht auf nackte Arme garantiert. Es gereicht ihm zur Ehre, daß er einwilligte, die Kleiderordnung entsprechend zu ändern, auf daß sie nicht mehr im Widerspruch zu unseren bürgerlichen Grundrechten stünde.

Dieses ist ein kurzes Kapitel, doch alle darin enthaltenen Briefe offenbaren dieselbe geniale Fähigkeit, die buddhistische Tradition mit der amerikanischen Kultur in Einklang zu bringen. Tofu Roshi wandert – wie ein kundig gesteuertes Segelboot, das sich zwischen Skylla und Charybdis hindurchschlängelt – sicher auf dem schmalen Grat zwischen dem starren und buchstabengläubigen Befolgen eines überholten Glaubenssystems einerseits und andererseits der Gefahr, das Buddhakind mit dem

Bade auszuschütten. Jeder, der einen solchen uralten Pfad beschreitet, *muß* eine Möglichkeit finden, die Kluft zwischen Vergangenheit und Gegenwart zu überbrücken.

Nach meiner haarscharf danebengegangenen Erleuchtung während der Unterweisung in Zazen wurde ich eine eifrige und regelmäßige Besucherin des Kein-Weg-Zen-Centers. Meine ganze Lebensweise begann sich allmählich zu ändern. Ich stand jeden Morgen um halb fünf auf. Ich verlor meine Freunde aus den Augen. Ich schlief bei abendlichen Beschäftigungen ein, die ich früher aufregend gefunden hatte. Und je mehr ich mit Tofu Roshi verkehrte, desto höher achtete ich diesen ganz und gar nicht bemerkenswerten Menschen. Während seiner Vorlesungen saß ich gern in der ersten Reihe; so konnte ich sein einfältiges Gesicht und seine dekorativen Ohrläppchen betrachten. Sie erinnerten mich an Ohrringe aus Fleisch und Blut, eine Koproduktion von Natur und Kunsthandwerk. Vielleicht zog er sie sich nachts, im Schlaf, irgendwie lang. Sein Gesicht (war es das eines Mannes oder das einer Frau?) schlug mich in seinen Bann. Es schwebte mir ständig vor Augen – und nicht nur während des Wachens, sondern auch in meinen Träumen, wenn ich mir im Zendo die Hose aufknöpfte.

Ich gehöre nicht zu den Leuten, die ihre ganze Selbständigkeit über Bord werfen und einem Guru folgen; aber Tofu Roshi hatte etwas so Nebulöses an sich, daß ich wußte, er würde mir nie einen Schaden zufügen können. Er war einfach zu unbestimmt und schemenhaft. Er hätte fast ein Werk meiner Phantasie sein können, ein Widerschein meiner selbst. Manchmal schaute ich in den Spiegel und glaubte, sein Gesicht anstelle von meinem zu sehen.

Ungefähr einen Monat, nachdem ich angefangen hatte zu »üben«, erkannte ich, daß ich als nächstes ins Kein-Weg einziehen müsse, um Gelegenheit zu haben, tiefer in die Natur der

Wirklichkeit und die Wirklichkeit der Natur einzudringen. An die zwölf Interne wohnten im großen braunen schindelgedeckten Haus neben dem Zendo, und es wurde von ihnen erwartet, daß sie sich dem streng geregelten Tagesablauf des Zen-Centers unterwarfen: Sie mußten frühmorgens und abends Zazen sitzen und den täglichen Pflichten des Unkrautjätens, Fegens und Entfernens von tierischen Ausscheidungen aus dem Hof nachkommen. Ich erklärte, es sei mein Wunsch, einzuziehen, sobald ein Zimmer frei würde.

Als Beweis für die Ernsthaftigkeit meiner Absicht wurde von mir verlangt, daß ich einen ganzen Tag lang allein im Zendo sitze und den Raum während der Zeit nur verlasse, um auf die Toilette zu gehen. Ich war immer noch eine Anfängerin, und um die Mittagszeit war der Schmerz in meinen Knien bereits unerträglich geworden. Und noch immer keinen Schimmer von Erleuchtung. Ich tat, was man mir beigebracht hatte, und zählte meine Atemzüge. Anstatt aber, wie empfohlen, immer nur bis zehn zu gehen und dann wieder von vorn anzufangen, beschloß ich, einfach weiterzuzählen. Ich hatte mir eine Toilettenpause versprochen, sobald ich bei tausend angelangt sein würde; doch lange vor meinem tausendsten Atemzug zwang mich eine Macht, die stärker war als ich, mich auf die nach altem Schweiß riechende Tatami-Matte zu legen und einzuschlafen. Ich *träumte*, ich säße Zazen, und so war es wenigstens keine hundertprozentige Zeitverschwendung. Glücklicherweise weckte mich dieselbe Macht auch rechtzeitig wieder auf und empfahl mir, meinen halben Lotossitz einzunehmen – gerade im letzten Augenblick, bevor Tofu Roshi hereinkam, um mich am Ende meines Prüfungstages abzuholen.

Ein paar Tage später bekam einer der Internen eine Dozentenstelle am Institut für Angewandte Philosophie in Kansas City, und ich konnte sofort in mein neues Zimmer einziehen, das deutlich größer als ein Schuhkarton war. Ich teilte ein kleines Apartment, das nach hinten raus ging, mit einem anderen Internen, einem der ältesten Jünger des Kein-Weg – wenn nicht an Jahren, so doch an Erfahrung. Als Aufseher des Schuhregals hatte er im Zen-Center eine höchst verantwortungsvolle Stellung inne. Sein Name war Shusansaki, und er war ein ernsthafter und ordentlicher Mann. Er hatte beispielsweise eine in eigenhändiger Schönschrift verfertigte Tafel am Kühlschrank angebracht: »*Ein Jünger des Buddha kühlt nie Bananen vor dem Verzehr.*« Und über dem Klo empfahl eine weitere kalligraphische Inschrift: »*Lasset hier eifrigstes Streben obwalten.*«

Ich hoffte, Shusansakis Einfluß würde mir dazu verhelfen, dem Ideal vollkommener Achtsamkeit näherzukommen, ja vielleicht sogar, meine Schuhe und Socken besser im Auge zu behalten. Unentwegt schlichen sich Socken, klammheimlich wie der Nebel, auf ihren Katzenpfötchen davon. Und erst kürzlich waren mir meine teuren Aerobic-Schuhe abhanden gekommen; ich meinte, ich hätte sie ordnungsgemäß im Regal gelassen, aber beschwören konnte ich das nicht. Ich teilte Shusansaki meinen Verdacht mit, und er erklärte, er werde die Sicherheitsvorkehrungen im näheren Umkreis des Schuhregals drastisch verschärfen. Alles in allem erfüllte mich mein neues Engagement mit freudiger Erregung. Endlich würde mein Leben einen Mittelpunkt, einen Sinn bekommen.

Kaum hatte ich mich häuslich eingerichtet, lud ich Tofu Roshi auf eine Tasse Öko-Tee und einen Happen fleischlosen Pemmikan zu mir ein. Ich arbeitete noch immer in der Pemmikanfabrik, wo ich zwecks Erzeugung eines proteinreichen Nahrungskonzentrats Sonnenblumenkerne in Bottiche voll Melasse einrührte. Unser Produkt verursachte Darmgase, doch wußte ich aus eigener Beobachtung, daß Tofu Roshi keine Angst vor Abwinden hatte. Er ließ seine Schuhe am Eingang stehen, und wir setzten uns nebeneinander auf die Kante des Bettes, das zu der Zeit meine gesamte Einrichtung ausmachte. Ich sagte ihm, wie glücklich ich sei, dort zu wohnen, und daß ich mich darauf freute, sowohl mich selbst als auch ihn besser, in einem tieferen Sinne, kennenzulernen. Ich erklärte, ich wolle die Grenzen meiner und seiner Persönlichkeit überschreiten und dahin gelangen, wo wir alle eins sind.

Um ein bißchen Konversation zu machen, fragte ich ihn, wo er herkäme.

»Warum willst du das wissen? Was erwartest du für eine Antwort?« fragte er zurück.

»Teaneck, New Jersey?« schlug ich vor.

»Nein, ich komme vom anderen Ufer«, sagte er.

»Das Jersey-Ufer?«

»Die andere Seite. Da, wo du auch herkommst. Da, wo wir beide hingehen werden.«

Also fragte ich ihn dann, wie es dazu kam, daß er anfing, sich für Zen-Buddhismus zu interessieren.

»Ha!« rief er aus. »Wer sagt, daß ich mich überhaupt dafür interessiere? Nichts ist interessant! Alles ist langweilig, wenn man sich nur eingehend damit beschäftigt. Findest du mich nicht langweilig? Ich finde dich langweilig.« Er lächelte lieb, während er das sagte.

Ich unterdrückte meine Tränen. Vielleicht meinte er ja damit, daß ich – in der ein oder anderen Form – schon lang auf Erden weilte und daher bald der ersehnten Erleuchtung teilhaftig werden würde. Ich wechselte das Thema.

»Bist du jemals verheiratet gewesen?«

»Jeder ist auf irgendeiner Ebene verheiratet. Manche Menschen sind von Geburt aus verheiratet, manche erlangen den Ehestand und manchen wird dieser Zustand aufgezwungen. Ich wurde verheiratet geboren und bin es auch mein Leben lang geblieben. Man könnte sagen, daß wir zwei miteinander verheiratet sind. Waren wir nicht zusammen im Waschsalon?«

»Willst du damit sagen, daß die Lehrer-Schüler-Beziehung einer Ehe vergleichbar ist?« fragte ich und begann mir schon Sorgen über die möglichen Implikationen eines solchen Vergleichs zu machen. Würde er versuchen, mich zu verführen? Oder mich bitten, ihm die Socken zu stopfen?

»Nein, meine liebe Susan«, erwiderte er. »Ich will damit nur sagen, daß du und ich keine zwei voneinander getrennten Individuen sind. Es ist nur eine optische Täuschung. Wir sind durch unsere Buddha-Natur am Unterleib miteinander verbunden, wie siamesische Zwillinge.«

»Und jetzt muß ich zum Zahnarzt«, sagte er dann unvermittelt. Ich war überrascht. Man erwartet von Zen-Meistern normalerweise nicht, daß sie allzuviele Gedanken an Mundhygiene verschwenden, doch – wie ich später erkannte – war dies eines von Tofu Roshis Lieblingsthemen.

»Könntest du mir den Gefallen tun, mir die Schuhe zuzubinden?« fragte er verlegen. »Ich habe mir gestern im Komposthaufen am Rücken wehgetan und bin außerstande, in die Knie zu gehen. Und ich kann wohl kaum in Gummilatschen zum Zahnarzt, oder?«

Ich war glücklich über diese Gelegenheit, Tofu Roshi ein wenig näherzukommen, zumal meine Bemühungen, ein paar biographische Angaben aus ihm herauszuholen, so kläglich gescheitert waren.

Dies war das erste Mal, daß ich ihm die Schuhe band, doch es sollte nicht bei diesem einen Mal bleiben. Er trug blanke, frisch geputzte Halbschuhe, in denen ich, als ich mich hinkniete, mein Gesicht wieder und wieder gespiegelt sah. Während ich nervös an den Schnürsenkeln herumfummelte, stimmte er die folgende Strophe an:

Wir huldigen dem Schuster,
Wir huldigen der Kuh.
Wir huldigen der Knüpferin der Schleife.
Ihre vereinten Bemühungen
gelten dem Wohl unserer Fußsohlen.
Der rechte Fuß geht nord-, der linke südwärts.
Alle Wege führen zum Zahnarzt.

Im nächsten Augenblick war er verschwunden.

Das war eine der Weisen, auf die es Tofu Roshi so meisterlich gelang, buddhistische Form und Riten in unseren Alltag zu integrieren. Er verfaßte viele solche Preisgesänge oder *Gathas*, wie sie im Buddhismus genannt werden: Strophen für bestimmte Anlässe, Gelegenheitsgedichte – gewissermaßen die buddhistische Version der Sprüchlein, die man in Glückwunschkarten vorgedruckt findet: »Iß und trink, solang Dirs schmeckt/ Solang der Tisch noch vollgedeckt/ Solang das Geld noch etwas wert/ Das ist auf keinen Fall verkehrt.« Sein Geist war frei von aller Kulturgebundenheit. Mit großer Geschicklichkeit vereinte er das Alte mit dem Neuen, Asien mit Amerika, und unterstützte uns dadurch unentwegt in unseren Bemühungen, den strengen Anforderungen des Zen gerecht zu werden.

Ein Aspekt der Zen-Praxis, mit welchem sich Amerikaner (und insbesondere Kalifornier) nur schwer anfreunden können, ist der beim Zazen häufig auftretende Schmerz in den Knien – und der Gedanke, daß man sich nicht bewegen darf, nicht versuchen darf, ihm zu entkommen, sondern ihn einfach akzeptieren soll. In Kalifornien tut man eigentlich nur das, was Spaß macht. In manchen Teilen der Vereinigten Staaten, wie New York oder Boston, fällt es den Menschen schon leichter zu leiden, doch selbst da quält man sich traditionell eher seelisch als körperlich. Tofu Roshi lehrte uns mit viel Geduld, daß selbst in Amerika, ja selbst in Kalifornien Leben Leiden bedeutet. Du leidest, wenn dir die Knie wehtun, und du leidest, wenn du glaubst, dich zu amüsieren. Er dachte sich einen Gesang für uns aus:

> Ich akzeptiere den Schmerz, der meine Knie aufsucht
> Wie ein Kolibri die Geißblattblüte.
> Wir leiden, egal was wir tun oder sind,
> Einschließlich Kalifornier.
> Sitzen ist Leiden, Surfen ist Leiden.
> Mit allen Wesen akzeptieren wir unseren Schmerz.

Auf halbem Weg durch ein *Sesshin* (ein langes Meditations-Retreat), wenn meine Knie sich exakt wie eine Geißblattblüte anfühlten, die vom scharfen Schnabel eines Kolibris durchbohrt wird, war es immer sehr tröstlich, zusammen mit meinen Leidensgenossen und -genossinnen diese Strophe zu rezitieren.

Tofu Roshi lehrt, daß wir unbegrenzte Möglichkeiten haben, uns Form und Ritual zu eigen zu machen. Als ich ins Kein-Weg einzog, begegnete ich seinen Gathas – auf Karten geschrieben und an den unmöglichsten Stellen an die Wand geheftet – auf Schritt und Tritt: über dem Toaster, neben dem Anrufbeantworter, im Fahrradschuppen, über dem Schuhregal. Allmählich dämmerte mir, daß es überhaupt keine Tätigkeit gab, die *nicht* zur buddhistischen Praxis gehört hätte. Einmal ließ ich vor Tofu Roshi die Bemerkung fallen, daß ich es mir einfach nicht angewöhnen könne, mir die Zähne jeden Tag mit Zahnseide zu reinigen, und er sagte, ein guter Buddhist zahnseide sich täglich. Ich erwiderte, ich könne nicht einsehen, was Zahnseide mit Buddhismus zu tun habe, und so gab er mir auf, eine Gatha zum Thema zu verfassen. Das war mein Ergebnis:

Einem griechischen Tempel gleicht mein Mund,
Meine Zähne den Karyatiden.
Einem Markon Mixer gleicht mein Mund,
Meine Zähne den Rotor-Klingen.
Mit allen Wesen nehm ich Faden fein
Und bring diese Klingen und Säulen zum Schein.

Tofu Roshi war entzückt. Die Gatha erwies sich als eine große Hilfe für mich und meine mundhygienischen Übungen, und auch meine Zahnärztin, die doch nichts von Buddhismus wußte, mochte sie sehr. Es gelang ihr nur nicht, bei »Karyatiden« nicht an »Karies« zu denken, und sie überzeugte mich daher, daß es besser sei, diese mögliche Quelle unerwünschter Assoziationen durch »Marmorstatuen« zu ersetzen. Das entsprechend korrigierte Gedicht brachte sie dann, zur Inspiration aller anderen Zahnseidenmuffel unter ihren Patienten, am schwarzen Brett in ihrem Wartezimmer an.

Ich möchte allen meinen Lesern empfehlen, sich eigene Gathas über diejenigen Aspekte ihrer täglichen Routine auszudenken, mit denen sie Probleme haben. Sie brauchen sich nicht zu reimen, und einen bestimmten Rhythmus brauchen sie auch nicht zu haben; nur kurz und prägnant sollten sie sein, und wenn irgendwo die Wendung »mit allen Wesen« eingebaut werden kann, bekommt das Ganze einen echt buddhistischen Touch.

Ich war anfangs glücklich in meinem neuen Heim; ich freute mich über den Klang der Glocke, die uns in aller Frühe weckte, über das Geräusch von Tofu Roshis Schritten, wenn er den Gang hinunter auf meine Tür zuschlurfte – sei es, um sich von mir die Schuhe zubinden zu lassen, wenn er es am Rücken hatte, sei es, um meine Meinung über eine frischverfaßte Gatha zu hören. Ich merkte, daß er etwas für mich übrig hatte, und gelangte zu der Überzeugung, daß seine Bemerkung über die

44

Langeweile nur dazu gedient haben mußte, uns beide vor der Intensität seiner wahren Gefühle zu schützen. Endlich wandelte ich auf dem spirituellen Pfad. Meine Welt schrumpfte zusammen, doch ich selbst wuchs. Ich fühlte mich wie eine aufgehende Blume, deren Schritte der Form und den Riten einer uralten Tradition folgten, die nun dem Leben einer jungen Frau in Nordkalifornien vollkommen angepaßt war.

»Lieber Tofu Roshi, ich kann meinen Hund nicht dazu bewegen, auf seinem Meditationskissen sitzenzubleiben.«

Lieber Tofu Roshi,

ich kann meinen Hund nicht dazu bewegen, auf seinem Meditationskissen sitzenzubleiben. Könnte ich nicht einfach das Zafu jeden Tag vierzig Minuten lang auf den Hund binden?

Hundeübel

Liebes Hundeübel,

wenn Dein Hund nicht sitzen will, wen müßtest Du dann festbinden: Hund oder Zafu? Die Beschäftigung mit dieser Frage wird Deinen Hund die Bedeutung von Shikantaza lehren: »Sitz! Und Schluß!«

Lieber Tofu Roshi,

unser Meditationscenter wird zur Zeit von einer erbitterten Debatte über die rituell richtige Weise, die Meditationshalle zu verlassen, entzweit. Die einen meinen, den Anfang sollten diejenigen machen, die der Tür am nächsten sitzen; andere hingegen sind davon überzeugt, daß gemäß dem Dharma derjenige als erster gehen sollte, der der Tür am fernsten, aber dem Altar am nächsten sitzt. Um unsere Gemeinde vor dem Schisma zu retten, sind wir darin übereingekommen, uns Deinem diesbezüglichen Urteil zu unterwerfen.

Im Dienste der Wahrheit

Lieber Im Dienste,

man soll den Raum paarweise verlassen, nach der Körpergröße geordnet, die größten zuerst. In zweifelhaften Fällen ist ein am Türpfosten angebrachtes Meterband von erheblichem Nutzen. Jedes abtretende Paar sollte sich zuerst vor dem Altar verneigen, sich dann zum Ausgang begeben, dort – einander gegenüberstehend – mit den ausgestreckten Armen einen Bogen bilden und so verharren, bis das zweite Paar unter der Arm-Arkade durchgeschlüpft ist. Dann macht das zweite Paar einen Bogen für das dritte und so weiter. Wenn jeder die Meditationshalle verlassen hat, sollten sich alle noch einmal zu einem fünfminütigen *Soji* oder rituellen Kehraus, unter lautstarkem Absingen von »*Suse, liebe Suse*«, zusammenfinden.

Dergestalt setzen wir den langwierigen Prozeß der Anpassung der asiatischen Tradition an die abendländische Kultur erfolgreich in Gang.

Lieber Tofu Roshi,

ich bin sehr allergisch gegen Räucherstäbchenrauch, und selbst, wenn ich am hintersten Ende des Zendo sitze, bin ich schon bald am Husten und Würgen und kann nichts dagegen unternehmen. Vermutlich hat jeder das Recht, sich die Lunge mit Rauch vollzupumpen, wenn er unbedingt will, doch sollte er ihn nicht auch anderen aufoktroyieren – insbesondere, wenn es sich dabei um ausgeatmeten Rauch handelt. Ich will denen ihren gebrauchten Rauch nicht!

Wie kann ich – solang sich kein entsprechendes Gesetz meiner Rechte annimmt – meine spirituelle Praxis fortsetzen?

Räucherqual

Liebe Räucherqual,

hat Euer Zendo ein Vestibül oder Vorzimmer? Wenn ja, dann installiere doch im Zendo eine auf den Altar gerichtete Videokamera und stelle im Vorraum einen Fernsehapparat auf – mit der Live-Übertragung der brennenden Räucherstäbchen. Es könnte

durchaus sein, daß es überraschend vielen Deiner Gemeinde-
brüder und -schwestern bedeutend leichter fallen würde, sich
vor einem Fernsehaltar zu verneigen. Diese Art von elektroni-
scher Überwachung ist zugleich eine gute Sicherheitsvorkeh-
rung und wird Gastpriester künftig davon abhalten, Statuen vom
Altar zu entwenden.

Sollte sich diese Lösung als nicht praktikabel erweisen,
kannst Du immer noch mit einer Gasmaske Zazen sitzen oder
einfach die Luft anhalten, solange Du im Zendo bist.

Lieber Tofu Roshi,

wir haben in unserem buddhistischen Center eine selbster-
nannte Feministin, die wegen der »sexistischen Sprache« unserer Hymnen und anderer solcher Probleme andauernd Ärger
macht. Sie verlangt von uns, daß wir alle »er«s durch »sie oder
er«s ersetzen, was sehr umständlich wäre und das ganze Me-
trum ruinieren würde, und sie (oder er) weigert sich sogar, die
Tatsache zu akzeptieren, daß Buddha ein Mann war. Wäre er
eine Frau gewesen, warum hätte er dann die ganze Zeit vor
seiner Erleuchtung anderen Frauen nachsteigen sollen?

Wenn ich sehe, wie sich die Dame anzieht, würde ich sagen,
ihr Problem besteht ganz einfach darin, daß sie unfähig ist, ihr
eigenes Frausein zu akzeptieren. Sie könnte ganz passabel
aussehen: Sie bräuchte sich nur eine etwas weichere Frisur
zuzulegen und ihren ausgeleierten Overall auszuziehen.
Könnte ich sie *dazu* bringen, hätte ich das Gefühl, ihr wirklich
geholfen zu haben.

Was meinst Du, wie wir mit ihr umgehen sollten?

Vive la Difference

Liebe Vive la,

Buddha könnte auch eine Frau gewesen sein, was weiß denn ich? Er könnte sogar lesbisch gewesen sein – wenngleich zugegebenermaßen nicht, wenn er ein Mann war. Was kümmert es Dich? Ist Dir noch nicht aufgefallen, daß Buddha – anders als Jesus und die Heiligen in der christlichen Kunst – traditionell ohne irgendwelche bestimmten Geschlechtsmerkmale dargestellt wird? Die Westler sind völlig auf die Sexualität fixiert, und das steht ihrer Erleuchtung ein bißchen im Wege. Außerdem werden die Unterschiede zwischen den Geschlechtern in jeglicher Hinsicht maßlos überschätzt. Ich versichere Dir, ein Geschlecht ist ganz wie das andere. Kennst du eins, kennst du alle.

Lieber Tofu Roshi,

ich habe gerade eine schrecklich peinliche Erfahrung gemacht. Während unseres rituellen, schweigend eingenommenen Frühstücks im Zendo sah ich plötzlich, daß ein verheddertes Stück benutzte Zahnseide unter meinem Strumpf klebte, nur ein paar Zentimeter von meinen Eßschüsseln entfernt, die ordentlich vor mir auf dem Brett standen. Ich hatte keine Tasche, in der ich es hätte verschwinden lassen können, ich konnte nichts tun, als es hilflos anstarren. Als der bedienende Mönch mit der Misosuppe die Runde machte, sah auch er es. Ich erkannte es daran, wie er vor mir kurz innehielt – gleichsam von dem gräßlichen Anblick vorübergehend zur Salzsäule erstarrt. Sein Zögern lenkte die Aufmerksamkeit des Lehrers, der in der Nähe saß, auf uns; und *er* sah die Seide. Unser Lehrer winkte den Bedienenden zu sich, sie flüsterten miteinander, und dann ging der Mönch in die Küche hinaus. Die Augen der ganzen Gemeinde waren auf ihn gerichtet, als er mit einer Schüssel und einer langen Pinzette zurückkam. Nachdem er den anstößigen

Gegenstand von meiner Socke gepflückt hatte, hob er ihn in der Schüssel empor, trug ihn zum Altar und verneigte sich dreimal vor dem Buddha, während alle anderen, dem Beispiel unseres Lehrers folgend, aufhörten zu essen und die Hände in Gassho hielten. Ich werd nie wieder Zahnseide in den Mund nehmen!

Chriseide

Liebe Chriseide,

wie die meisten von uns überbewertest Du den Eindruck, den Du auf andere Menschen machst. Ich könnte mir vorstellen, daß alle, die dem Zahnseidenzwischenfall beiwohnten, mittlerweile die ganze Sache schon vergessen haben; oder höchstens die ganz vage Empfindung zurückbehalten haben, daß Du in irgendeiner Weise mit Zahnseide – und somit mit vorbildlichen dentalhygienischen Maßnahmen – in Verbindung stehst.

Man könnte den Zwischenfall auch aus einem anderen Blickwinkel betrachten: Rufe Dir einmal all die unterschiedlichen Substanzen ins Bewußtsein, die die Menschen im Laufe ihrer Geschichte an ihren Fußsohlen kleben fanden, und du könntest zum Schluß gelangen, daß Zahnseide – und selbst gebrauchte – noch ziemlich an der Spitze der Wünschbarkeitsskala rangiert.

Bleib der Zahnseide treu! Hätte er welche gehabt, meinst Du dann nicht, daß auch Shakyamuni sie verwendet hätte? Alles Dentale ist ursprünglich transzendental.

Lieber Tofu Roshi,

soweit ich weiß, gehört es zur richtigen *Oryoki*-Praxis, daß wir alles aufessen, was sich in jeder der drei Schüsseln befindet. Neulich landete während eines Sesshin eine Fliege in meiner Buddha-Schüssel, kam nicht wieder weg und starb dort. Ich fischte sie mit meinen Eßstäbchen heraus und schob sie verstohlen unter mein Zafu. War das richtig gehandelt, oder hätte ich sie mitessen sollen?

J. Goldblum

Lieber J.,

ich merke schon, Du bist einer von denen, die glauben, Regeln seien für alle anderen da, nur für sie nicht, und die sich, wann immer sie Lust dazu verspüren, über die Tradition hinwegsetzen. Selbstredend hättest Du sie – wie Du ja selbst eingangs schreibst – mitessen sollen. Jene Fliege erwählte sich diese bestimmte Inkarnation, um einem Zen-Schüler als Nahrung zu dienen. Und Du erwähltest Dir diese bestimmte Inkarnation, um einer Fliege Deinen Leib als Begräbnisstätte zur Verfügung zu stellen. Indem Du Dich dieser Gelegenheit versagtest, hast du den Tag, an dem Du und die Fliege dem Kreislauf der Wiedergeburten entrinnen und Hand in Hand das jenseitige Ufer erreichen werdet, um von Blume zu Blume, von Tofu-Würfel zu Tofu-Würfel zu summen –, vielleicht um Jahrtausende – weiter in die Ferne gerückt.

3. Wie man den richtigen Weg für sich findet

»Ich schaffe es anscheinend nicht, so lange bei einem Guru zu bleiben, bis ich die Erleuchtung bekomme«

In diesem Kapitel geht Tofu Roshi auf Fragen ein, wie sie im Zusammenhang mit der Entscheidung für einen bestimmten spirituellen Weg und dem Entschluß, sich ganz der eigenen spirituellen Entwicklung zu widmen, auftauchen. Es sind dies Fragen, die mir ganz besonders am Herzen liegen, da ich selbst lange rang und irrte, bis ich tatsächlich meinen Weg ins Kein-Weg fand. Noch heute, während ich hier auf einer Strohmatte in Tofu Roshis altem Büro sitze und am Computer arbeite, auf dem ein kleiner Manjushri, der »Bodhisattva der vollkommenen Weisheit«, steht − sogar jetzt noch, nach so vielen Jahren, verspüre ich aufs neue eine tiefe Dankbarkeit für das, was ich fand, und erneuere täglich das Gelübde, das ich einst vor mir selbst ablegte. Durch das Fenster kommen die vertrauten Laute der kämpfenden und sich paarenden Katzen herein, und ich sehe verschiedene Mitglieder des Sangha in ihren Gummilatschen hierhin und dorthin schlappen und Unkraut jäten, den Hof mit der Aa-Schaufel reinigen, Tischdecken an die Leine hängen, Sesam mahlen. Es ist kaum zu glauben, daß es jemals eine Zeit gegeben haben soll, in der ich diesen Ort nicht kannte, in der ich den Klang der Schlaghölzer oder der kleinen Zendoglocke nicht kannte. Oder das Geräusch, das ich genau in diesem Augenblick höre, das Scharren einer Schaufel im Komposthaufen.

Tofu Roshi sagte oft, sein eigener rechter Weg habe ihn zum Komposthaufen geführt. Es war seine große Leidenschaft, sich um ihn zu kümmern, seine Temperatur zu messen, an ihm herumzuschaufeln und -zulockern und -zusieben. Wie oft hörte ich ihn in seinen Vorlesungen allegorisch vom Komposthaufen sprechen, uns darauf hinweisen, daß Zerfall zum Leben selbst gehört – daß die Babymöhre aus der toten Eierschale schlüpft. Zu anderen Gelegenheiten sagt er, der Komposthaufen sei ein Gleichnis dafür, daß man vielleicht meint, man könne Dinge einfach auf sich beruhen lassen; daß aber alles, ob du's willst oder nicht, ohne Unterlaß sich wandelt und aufheizt und köchelt – ganz genauso wie wir auf unseren Polstern. Er sagt, daß das Zendo zu einem großen Komposthaufen wird, sobald wir es betreten. Er sagt, es könnte den Anschein haben, als ob nichts passierte, doch – auf unseren Zafus uns selbst überlassen – zerfallen und gären und garen wir, und kleine Babymöhrchen sprießen uns aus den Ohren. Er sagt, wir müßten – durch Verbeugung, Gesang und Gehmeditation – gewendet und gelüftet werden, damit wir nicht zu kompakt werden und uns das Zafu nicht am Hintern klebenbleibt. Genau das passierte anscheinend in einem Kloster in New Jersey, wo ein übereifriger Lehrer die Unterstellung zu widerlegen trachtete, Amerikaner seien für eine richtige, strenge Zen-Praxis einfach zu weich, und zu diesem Zweck seine Schüler tagelang – von Toilettenpausen abgesehen, ununterbrochen – auf ihren Polstern sitzen ließ. Sowohl die Schüler als auch die Zafus waren zu hundert Prozent aus organischem Material hergestellt, Hefepilze und Bakterien gediehen in der Hitze und Feuchtigkeit des New Jerseyer Sommers prächtig, und am Ende der intensiven Übungsperiode mußten Schüler und Polster operativ getrennt werden.

Roshi sagt auch, daß unser Gehirn wie ein Komposthaufen ist und all unsere Gedanken und Pläne verschiedenen Abfällen vergleichbar sind: Eine Erinnerung ist wie eine Bananenschale, eine Phantasievorstellung wie eine Filtertüte voll Kaffeesatz, ein Zukunftsplan oder eine Absicht sind nichts anderes als Kartof-

54

felschalen; und er erklärt, daß sich diese Gedanken – wenn wir sie nur ruhen lassen – im Laufe der Zeit zersetzen und in fruchtbaren schwarzen Humusboden verwandeln, in dem der Dharma wachsen und gedeihen kann.

Doch ich schweife ab. Ich möchte mehr über meine Irrfahrt erzählen, die mich letztlich auf den Kein-Weg führte, und darüber, wie ich endlich meinen verbindlichen Entschluß fällte.

Es dauerte Monate, bis ich die Gewißheit hatte, daß Kein-Weg mein Weg war. Dennoch konnte ich schon in den allerersten Tagen einige unmittelbare und tiefgreifende Veränderungen an mir selbst feststellen. Roshi hatte mir die Übung aufgegeben, meine Atemzüge zu zählen, immer bis zehn. Schon bald konnte ich auch in meinem alltäglichen Leben außerhalb des Zendo nicht mehr aufhören, bis zehn zu zählen. Ich spürte auf einmal den Zwang, beim Essen jeden Bissen zehnmal zu kauen, gleichgültig, ob es sich dabei um Joghurt oder um Karotten handelte; und jedesmal, wenn ich meine Finger oder Zehen zählte, überschwemmte mich eine Woge tiefer Befriedigung. Doch es gab noch weitere erste Auswirkungen. Fast jede Nacht träumte ich von Tofu Roshi, wie er mich barfuß durch einen Ozean von Kompost zum jenseitigen Ufer hinübertrug. Ich fürchtete mich nicht mehr vor dem Tod; und wenngleich ich immer noch Angst vor den zwei Großen Ähs hatte – Erdbeben und Äroplane –, merkte ich doch, daß ich mich nicht mehr vor beiden *gleichzeitig* fürchtete, und schrieb auch diesen Fortschritt meiner meditativen Praxis zu.

Dennoch mußte ich auch eine ganze Menge innere Widerstände überwinden. Ich war in den Sechzigern volljährig geworden und hatte – wie überhaupt meine Generation – gelernt, jede Art von Autorität in Frage zu stellen. Blinder Gehorsam gegen die Tradition war nicht meine Sache. In den siebziger Jahren hatte ich mich dem Feminismus in die Arme geworfen (wobei ich nicht ganz sicher bin, wer von uns beiden oben und wer unten lag) und hatte sehr hart daran gearbeitet, die Gewohnheit, mich männlicher Autorität zu unterwerfen, wieder zu verlernen. Es war für mich – wie für viele meiner Schwestern – ein langer, harter Kampf gewesen, meine Selbständigkeit zurückzuerobern. Jetzt wollte ich zwar einen Lehrer, doch wollte ich nicht meine ganze persönliche Macht an Tofu Roshi abgeben. Wie konnte ich meine Sehnsucht nach einem Meister mit meinem Glauben an mein Recht auf Eigenständigkeit vereinbaren?

Ich begegnete aber auch äußeren Widerständen gegen meine spirituelle Entwicklung. Meine Freunde befürchteten, ich hätte mich irgendeiner Sekte angeschlossen und würde jetzt all meine irdischen Güter weggeben – einschließlich meines Staubsaugers, den sie sich oft ausborgten. Meine Mutter befürchtete, ich würde mir den Kopf rasieren und dadurch jeglicher Chance verlustig gehen, einem netten heiratsfähigen Mann zu begegnen, bevor es zu spät sein würde, sie mit Enkeln zu beliefern. Ich erinnerte sie an den Spruch, mit dem sie mich während meiner Kindheit beständig bedacht hatte: »Schätzchen, du hast so ein hübsches Gesicht – wenn du dir nur die Fransen aus den Augen kämmen würdest, daß ich auch was davon sehen kann!« Und ich erklärte ihr, daß sie – wenn sie nicht so altmodisch wäre – wüßte, daß es manche Männer durchaus anmacht, wenn Frauen sich Körperteile rasieren, die normalerweise *nicht* rasiert werden. Das hatte sie vorläufig zum Schweigen gebracht. Ich gab ihr nicht die Genugtuung zuzugeben, daß ich nicht im Traum daran dachte, mir den Kopf zu rasieren. Hatte ich eine Ahnung...

Die ersten paar Monate meines Aufenthalts im Kein-Weg weigerten sich meine Eltern, mich dort zu besuchen. Mein Vater mochte den Namen der Örtlichkeit nicht. Er meinte, er verrate eine negative Einstellung zur menschlichen Gesellschaft. Meine

56

Freundinnen aus der Frauengruppe wollten nicht kommen, weil sie der Ansicht waren, ich hätte mich an ein phallokratisches System verkauft. Sie wurden ziemlich hellhörig, als ich ihnen erzählte, einige Sangha-Mitglieder seien der Überzeugung, Tofu Roshi sei Ohneglied – ja, er sei eine Frau. Daraufhin kamen zwei meiner Gruppenschwestern mich aus Neugier besuchen: Sie wollten die Frage klären, ob es »der«, »die« oder »das Tofu Roshi« hieß. Doch zogen sie mit derselben Ungewißheit wieder von dannen; da es ihnen unmöglich gewesen war, die hierbei erforderlichen Untersuchungen anzustellen, mußte die Angelegenheit als weiterhin nicht entschieden gelten.

Wie überwand ich diese inneren und äußeren Widerstände und schaffte es, mich für einen spirituellen Weg zu entscheiden? Die Wende erfolgte eines Tages während des Dokusan mit Tofu Roshi. Als *Dokusan* wird die private Unterredung eines Zen-Schülers mit seinem Meister bezeichnet, in deren Rahmen der Lehrer auf die Probleme und Fragen des Schülers eingeht, den jeweiligen Stand seiner Übung beurteilt und ihm spezielle Belehrungen zuteil werden läßt. Das Dokusan unterliegt strengster Geheimhaltung: Weder der Lehrer noch der Schüler dürfen vor einem Dritten je ein Wort darüber verlieren, was sich hinter der verschlossenen Tür des Dokusan-Zimmers ereignet hat. Doch wie ein Wal breche ich nun aus den undurchsichtigen Wassern der Intimsphäre hervor, setze mich selbstlos über die treibenden Eisschollen der Üblichkeit hinweg und stoße den Wahrheits-Dampfstrahl meiner Erfahrung ins Blaue – in der Hoffnung, daß dies anderen Strebenden von Nutzen sein werde.

Ich wohnte seit nunmehr etwa einem Monat im Kein-Weg. Mein Interesse war während dieser Zeit kontinuierlich erstarkt; doch hatte parallel dazu auch mein Mißbehagen über die – wie ich hatte feststellen müssen – bestürzend autoritären Machtstrukturen im Center erheblich zugenommen. Erst an dem Mor-

gen hatte mich Shusansaki gemaßregelt, weil ich ein Paar Sokken mehrere Tage lang auf dem – für des Oberpriesters, das
heißt Tofu Roshis, Fußbekleidung reservierten – untersten Brett
des Schuhregals hatte liegenlassen. Socken waren augen-
scheinlich meine Achillesferse. Seine Worte – »Die sind ja ganz
schlabberig und ausgeleiert!« – brannten noch immer in meinem Herzen, als ich – mit kämpferisch geschwelltem Kamm –
den Dokusan-Raum betrat. Das erste, was man in dem Fall tun
muß, ist, sich vor dem Meister zu verneigen; doch mein Kamm
machte es mir unmöglich, den Kopf vor Tofu Roshi zu beugen,
also ließ ich mich stocksteif auf das Sitzpolster nieder und wartete klopfenden Herzens ab, wie er auf meine Mißachtung seiner Autorität reagieren würde.

Nichts geschah. Er saß mir mit gesenkten Augen gegenüber,
während ich dem rhythmischen Summen eines Brummers
lauschte. Würde er mich auffordern, den Raum zu verlassen?
Wieder reinzukommen und es diesmal richtig zu machen? Was,
wenn er mir befahl, einen Ziegelstein so lange zu polieren, bis
ich mein ursprüngliches Gesicht darin gespiegelt sah? Das
Summen des Brummers ging in eine Art Schniefen über, und
mit einem Male wußte ich, daß das keine Fliege war, sondern
Tofu Roshis Schnarchen.

Ich war enttäuscht. Meine Unabhängigkeitserklärung war auf
taube Ohren gestoßen, und vielleicht würde ich jetzt nie wieder
den Mut aufbringen, einen solchen Akt zivilen Ungehorsams zu
begehen. Was sollte ich tun?

»Schlafende Hunde soll man nicht aufwecken«, dachte ich bei
mir. Außerdem hatte ich mir schon immer mal Tofu Roshis Ohrläppchen aus der Nähe anschauen wollen, und das war meine
Chance. Während Roshis Polypen unbeirrt weiterschnarrten,
beugte ich mich vor und unterwarf sein linkes Ohrläppchen –
vielleicht war es auch sein rechtes, ich weiß es nicht mehr

genau – einer eingehenden Betrachtung. Das Fleisch hing weich und schwer und schwoll zuunterst wie eine Träne.

In diesem Augenblick ging ein Schauder durch Roshis Körper, und er erwachte. Ich kauerte auf allen Vieren, und mein Gesicht war nur einige Zentimeter von seinem Ohr entfernt.

»Guten Tag, Susan«, sagte er und verneigte sich vor mir. »Hast du etwas verloren?« Er schien sofort hellwach zu sein.

Ich zog mich auf mein Zafu zurück und brach in Tränen aus. Nach ein paar Monaten der Übung fing meine alte Persönlichkeitsstruktur schon an zu zerbröckeln. Ich wurde mit meiner ganzen zwiespältigen Einstellung zur Individuation konfrontiert. Ich wollte versorgt werden, eingebunden sein, wollte, daß man mir sagte, was ich tun und was ich lassen sollte, wollte ganz in den schwarzgewandeten, langgelappten Leib meines Lehrers eingehen. Und ich wollte gleichzeitig ein Individuum bleiben, abrücken, mich nicht verneigen.

»Ich weiß nicht mehr, wer ich bin«, jammerte ich. »Als ich reingekommen bin, habe ich mich nicht mal verneigt. Ich glaube nicht, daß es gut für mich ist, mich ohne Sinn und Verstand deiner Autorität zu unterwerfen. Ich muß mich selbst finden, nicht meine persönliche Macht aufgeben! Wer bin ich? Roshi, wer bin ich? Wer bist du? Warum bin ich hier?«

Meine Zweifel hatten mich wieder zum Ausgangspunkt zurückgeführt. Ich fragte mich, ob Kein-Weg, dessen autoritäre Machtstruktur mir derart gegen den Strich ging, wirklich der rechte Weg für mich war.

»Wenn ich auch nur noch *einmal* etwas tun muß, ohne zu wissen warum, nur weil du es sagst, geh ich!« tat ich kund. Ich durchlitt gerade eine Glaubenskrise, die in ihrer Tiefe nur mit der des Augustinus zu vergleichen war.

Da bot mir Tofu Roshi an, als seine Sekretärin zu arbeiten.

»Vergiß die ganze Verbeugerei!« sagte er. »Wenn du dich

weigerst, dich vor mir zu verneigen, weigerst du dich, dich vor dir selbst zu verneigen. Das ist wirklich nicht mein Problem!« Plötzlich blätterten all meine Zweifel von mir ab, wie herbstliches Laub von windgeschütteltem Geäst fällt oder ein Hahnenkamm aus den Haaren.

»Ich bräuchte jemanden, der mir bei der Korrespondenz hilft«, erklärte er, »und auch bei den Vorbereitungen für meine Vorlesungen. Du hast deine sprachlichen Fähigkeiten bereits unter Beweis gestellt, indem du eine Strophe über die Zahnseide dichtetest. Ich weiß deine störrische Unabhängigkeit zu schätzen, deine Widerstände gegen falsche Autorität. Laß uns gemeinsam im Dharma arbeiten!«

Lieber Tofu Roshi,

bitte hilf mir. Ich bin so verwirrt – ich schaffe es anscheinend nicht, so lange bei einem Guru zu bleiben, bis ich die Erleuchtung bekomme.

Vor fünf Jahren begann ich, beim Swami aus Miami zu meditieren – Guru Lethar Ji, einem Jünger von Swami Hinhaltananda und Vertreter der Schule des Nichthandelns. Es war einfach, seinem Pfad zu folgen, doch mit der Zeit fing ich an, mich zu langweilen. Da erzählte mir mein Zimmergenosse, Fred, vom Selbstismus. Aus reiner Neugierde suchte ich Selbsti Seeler auf, und schwupp! wußte ich auf Anhieb, daß seine Lehre meine mich betreffende und mir geltende Sache war. Ich befleißigte mich ein Jahr lang des Selbstismus, doch als die Länge meiner Zehennägel – die ich, unserer Praxis gemäß, allmorgendlich nachmaß – für mich interessanter zu werden schien als die Tageszeitung, da begann ich zu befürchten, daß ich allzu selbstbezüglich werden könnte. Wie es das Karma so wollte, stieß ich – genau zu jener Zeit – in der *Halbmonatsschrift für Erfüllung* auf einen Artikel über einen buddhistischen Lehrer namens Muku Roshi. Ein einziger Besuch in seinem Zendo veränderte mein ganzes Leben. Ich stürzte mich sofort im halben Lotos in meine Koan-Übung. Ich trank viel Milch und lernte, wie eine Kuh zu muhen. Ich hatte schon beinah mein Koan geknackt – du weißt schon, das über Kah Sin und das schmutzige Geschirr ...

Doch dann hörte ich eines Tages im Autoradio ein Interview mit Baba Kablabla, und ich brauchte einfach nur weiterzufahren, um den Kablabla Ashram zu erreichen. Ich rasierte mir den Kopf, gab meinen Wagen auf und sah fortan nur noch aus meinem dritten Auge.

Danach bin ich noch bei Yogi Siehmalingam, Siddy Sadie, Mahaha und verschiedenen anderen Vollendeten Meistern gewesen. Jedesmal meine ich, *den* Weg und *den* Guru gefunden zu haben, doch schon nach ein paar Monaten krieg ich wieder dieses Kribbeln, und irgendwie muß ich dann einfach weiter. Bitte hilf mir. Ich weiß, daß ich meine Zeit verplempere und auf die Art niemals erleuchtet werde.

Üb nimmer Treu

Lieber Üb nimmer,

verzweifle nicht, solange du nicht Tofu Roshis Lehre ausprobiert hast. Ich empfehle dir, noch heute meine ziemlich preiswerte Broschüre *Das Wunder der Mittelmäßigkeit* anzufordern.

Lieber Tofu Roshi,

ich bin eben fünfzehn, und letzte Woche habe ich zum ersten Mal meinen Körper verlassen und bin von zu Hause abgehauen. Ich hasse die Schule.

Von Rechts wegen muß ich zur Schule gehen, bis ich sechzehn bin, aber was ich wissen möchte, ist – wenn mein Körper zur Schule geht, ohne mich drin, wird das auch anerkannt?

Aussteiger

Lieber Aussteiger,

meines Wissens gibt es dafür zwar keinen Präzedenzfall, auf den Du Dich vor Gericht berufen könntest, doch unterstütze ich Deine spirituelle Reise voll und ganz. Ich möchte Dich allerdings davor warnen, so lange außerhalb deines Körpers zu bleiben, daß Du nicht mehr weißt, wie Du wieder hineinkommst, wenn erst der Spaß losgeht.

62

Lieber Tofu Roshi,

ich bin wunderlich. Kann ich da was gegen tun?

Anonymus

Lieber Anony,

ich müßte erst Deine Bekanntschaft machen, um diese Frage beantworten zu können. Warst Du von Geburt an wunderlich oder bist Du es im Laufe der Zeit geworden?

Wie dem auch sei, die Hauptsache ist, daß Du Dich selbst so akzeptierst, wie Du bist – wobei wir natürlich voraussetzen wollen, daß Du zuerst für ein einigermaßen gepflegtes Äußeres und hinlängliche körperliche Reinlichkeit Sorge trägst.

Viele große buddhistische Lehrer sind ziemliche Exzentriker gewesen. Wußtest Du, daß der alte chinesische Meister Moich Ling rechts eine weibliche und links eine männliche Hand hatte? Es ist bis dato unbekannt, ob Moich Ling ein Mann oder eine Frau war. Was Meister Za Phu anbelangt, so versteifte er sich darauf, seine Eßschüssel nachts als Schlafmütze zu tragen. Und bei kalter Witterung pflegte er den Stoffbehälter für die Eßutensilien – nachdem er Stäbchen, Löffel und Setsu-Stab entfernt hatte – als Schambeutel zu tragen.

Ich bitte Dich also inständig, Dich so zu akzeptieren, wie Du bist. Die buddhistische Praxis ist sozusagen eine »Komm-wie-du-bist-Party«.

Lieber Tofu Roshi,

gibt es so etwas wie einen *Guide Bleu* der Ashrams – ein spirituelles Adreßbuch für Feinschmecker? Ehe wir uns für einen bestimmten Weg entscheiden, müßten meine Frau und ich wissen, wo unseren diätetischen Bedürfnissen am ehesten

63

Rechnung getragen wird. Ich habe von Zen-Centern gehört, in denen man sich in erster Linie von Erdnußbutter ernährt, doch unsere Interessen gehen eher in Richtung Nouvelle Cuisine: Radicchio, Pfifferlinge, so Sachen halt.

Wenn man all seine gewohnten Beschäftigungen aufgibt, erhält das Essen ja einen noch größeren Stellenwert, als ihm normalerweise ohnehin zukommt – und das will schon was heißen! Meine Frau und ich möchten in unseren Sommerferien an einem längeren Retreat teilnehmen. Ich bin übergewichtig und hoffe, Pfunde zu verlieren und dafür Einsichten zu gewinnen – ich hatte so an jeweils zwanzig gedacht. Meine Frau, die eine sehr schlanke Figur hat, ist gegen Milch und Weizenprodukte allergisch. Der Vollständigkeit halber sollte ich vielleicht noch hinzufügen, daß wir uns beide nicht sonderlich für die Idee erwärmen können, Seetang zu essen, und wir wüßten gern, ob nicht doch Fälle von Erleuchtung ohne vorherigen Algengenuß bekannt sind. Und noch eins: Gekochte Karotten krieg ich einfach nicht runter.

Was würdest Du uns empfehlen?

Orrie O'Kea

Lieber Orrie,

laß Dich nicht zu falschen Unterscheidungen verleiten. Essen ist Buddha, wir sind Buddha. Wenn wir essen, essen wir uns selbst. Dein Haar ist Seetang, Deine Beine sind Karotten. Magst Du Deine Beine nicht? Iß Deine Beine roh. Du bist, was Du ißt. Deine Frau auch.

»Als ich ihn fragte, wie man die Gier
auslöschen kann, nahm er sein Gebiß heraus.«

Lieber Tofu Roshi,

ich habe vor kurzem an einem Yoga-Retreat mit Baba Harankin teilgenommen, einem Mönch, der seit der Zeit, da ihn seine Mutter fragte, wer mit schlammigen Schuhen über ihren sauberen Teppich gelaufen sei, kein einziges Wort mehr gesprochen hat.

Jeden Morgen haben wir die Asanas des Siebengliedrigen Geistigen Pfades geübt, und anschließend gab es immer eine Frage-und-Antwort-Stunde mit Babaji. Er hat nicht ein einziges Mal sein Schweigegelübde gebrochen, und ich muß zu meinem Leidwesen gestehen, daß mir seine Antworten mitunter etwas schwerverständlich vorkamen; ich schrieb dies dem Umstand zu, daß mir vielleicht einfach noch die innere Bereitschaft fehlte, seine Lehre anzunehmen. Als ich ihn zum Beispiel fragte, wie man die Gier auslöschen kann, nahm er sein Gebiß heraus. Was meinte er damit?

Novize

Lieber Novize,

er wollte Dir damit bedeuten, daß Du Dir an *der* Nuß leicht die Zähne ausbeißen kannst. Zugleich führte er Dir vor Augen, was Dir möglicherweise bevorsteht, wenn Du Dir nicht täglich die Zähne mit Zahnseide reinigst.

Lieber Tofu Roshi,

ich mache mir Sorgen wegen meiner Tochter, die einem – wie ich finde, recht sektarischen – Ashram beigetreten ist. Wie sie schreibt, wird dort von allen verlangt, daß sie im Liegen schlafen, im Sitzen meditieren und ihre Mahlzeiten einnehmen und sich aufrecht fortbewegen, wobei sie die Hinterfüße flach auf den Boden stellen und abwechselnd belasten müssen. Ich möchte ja nicht ethnozentrisch sein, aber das klingt für mich wirklich nach Kasteiung des Fleisches. Hast du schon jemals von solchen Praktiken gehört?

Neufundländermama

Liebe Mama,

ja, ich habe schon von Zwingern gehört, in denen solche Techniken gelehrt werden. So extrem sie uns auch erscheinen mögen, glaube ich doch nicht, daß sie als schädlich einzustufen sind. Sie eröffnen uns Hunden neue Wege zur Erforschung des alten Koans »Hat der Mensch eine Buddha-Natur?«

4. Wie man auf dem Weg bleibt

»Wie kann ich mein höheres und mein niederes Selbst dazu bringen, miteinander zu kooperieren?«

Eine Sache ist es, einen spirituellen Weg für sich zu finden; eine ganz andere ist es, ihm treu zu bleiben. An die Stelle der anfänglichen Begeisterung des Neubekehrten tritt allzubald Langeweile – die Empfindung spiritueller Erweckung weicht dem Wunsch, wieder einzuschlafen. In vielen Ashrams, Zendos und Tempeln des Geistes ist eine mitgliederbezügliche Fluktuation zu verzeichnen, die einem ganz bestimmten Schema folgt. Es scheint irgendwo zwischen dem sechsten und dem zwölften Monat nach dem Beitritt eine Wasserscheide zu verlaufen, von welcher aus das natürliche Entwässerungssystem den Jünger entweder östlich oder westlich des Grates hinunterspült. Im Buddhismus sprechen wir vom »torlosen Tor«. Jeden Tag müssen wir die lautlose Türglocke läuten und täglich die unsichtbare Schwelle aufs neue überschreiten.

Nachdem ich meinen Job in der Pemmikan-Fabrik aufgegeben und meine Arbeit als Tofu Roshis Sekretärin aufgenommen hatte, spielte sich mein ganzes Leben nunmehr zwischen den Mauern des Kein-Weg-Zen-Centers ab. Dort wohnte, arbeitete und ließ ich eifrigstes Streben obwalten, und nichts führte mich in die Welt hinaus außer meinen Ausflügen zum Reinheit-Ist-Alles-Waschsalon, wo ich weiterhin die Waschmaschinen und Wäschetrockner mit meinen Socken fütterte.

Mein Verhältnis zu Shusansaki wurde zusehends gespannter, was uns beiden eine hervorragende Gelegenheit bot, an der Überwindung des Zorns zu arbeiten. Er war wegen des intimen

Umgangs, den ich – als des Meisters Sekretärin und Vertraute – mit Tofu Roshi pflegte, ganz offensichtlich auf mich eifersüchtig. Einmal traf Shusansaki uns beim Schuhregal an, wo ich zu Füßen von Tofu Roshi kauerte und ihm seine neuen Aerobic-Schuhe zuband. Roshi wollte gerade zum Aerobic-Kurs gehen, konnte sich aber die Schuhe nicht selbst binden, weil er vom Kompostwenden Blasen an den Händen hatte. Shusansaki produzierte eine kleine steife Verbeugung. Nachdem Tofu Roshi gegangen war, sagte er zu mir:

»Ich finde nicht, daß es dir ansteht, Tofu Roshis Schuhe zuzubinden. Du bist nicht seine Mutter.«

»Stünde es mir vielleicht besser an, seine Mutter herzubitten, damit *sie* ihm die Schuhe zubindet?« fragte ich und fühlte, wie langsam die Wut in mir aufwallte.

»Rein zufällig weiß ich, daß seine Mutter bereits verstorben ist«, tönte Shusansaki, »und *wenn* irgend jemand ihm die Schuhe zubindet, dann sollte das doch wohl ich sein. Ich hätte eigentlich angenommen, daß du selbst weißt, daß *ich* – als der Aufseher des Schuhregals – für jegliches Schuhe oder Strümpfe betreffende Problem verantwortlich bin.«

»Ich habe nur getan, wozu unser Lehrer mich aufforderte«, erwiderte ich, nicht ohne eine gewisse Selbstgefälligkeit.

Shusansaki lachte. Dann zog er seine Sandalen aus, legte sich eine davon auf den Kopf und entfernte sich, gemessenen Schrittes und das Ding auf dem Kopf balancierend, als sei er ein Mannequin, das den aufrechten Gang übt. Ein komischer Kauz!

Im Laufe der Zeit lernte – wie ich gestehen muß – auch ich die stechenden Qualen der Langeweile kennen, und aus ebendieser Qual heraus unterbreitete ich Tofu Roshi den Vorschlag, einen spirituellen Kummerkasten im *Kein Mitteilungsblatt* zu eröffnen. Indem ich so an seinen Lehren teilhaben würde, hoffte ich die Grenzen meines dürftigen Ichs zu überschreiten – wenngleich dieses nicht ganz so dürftig war, wie ich es mir gewünscht hätte; besonders um die Hüften rum.

In der ersten Folge unserer Kolumne veröffentlichten wir Roshis Vortrag zum Thema »Wie man es aufgibt, sich zu bessern« und baten anschließend um Leserbriefe. Die Reaktion war schier überwältigend. Eine ganz unerwartete Flut von Zuschriften ergoß sich langsam aber stetig über uns. An regnerischen Tagen war unser Briefkasten voll von schlappen Umschlägen, und an sonnigen Tagen waren die Briefe knackig wie frische Kartoffelchips. Wie schön waren doch die Vormittage mit Tofu Roshi – in seinem Arbeitszimmer zu sitzen, ihm die Briefe vorzulesen und die Antworten, die er mir diktierte, niederzuschreiben! Dabei war meine Rolle weniger die eines untertänigen Eckermanns, eines selbstlos dienenden Geistes, als die eines Engels – für den Marx, den *er* dabei darstellte; womit ich nur gesagt haben will, daß er mich respektvoll behandelte und großen Wert auf meine Meinung legte. Es kam sogar mitunter vor, daß man nicht mehr entscheiden konnte, wer von uns beiden eigentlich die eine oder andere Antwort formuliert hatte. Durch diese unsere Verfahrensweise ergab es sich, daß ich viele Probleme begriff und aufarbeitete, die meine eigenen waren – da wir im Grunde, in unserem eigentlichen Urgrund, alle dieselben Probleme haben. Wir sitzen Seite an Seite auf unseren Meditationskissen, und was immer Sie von Ihrer Erleuchtung abhält, hält auch mich von der meinigen ab. Wenn Blähungen Ihr Problem sind, so sind sie auch meins.

In dieses Kapitel haben wir Briefe aufgenommen, die von der Schwierigkeit handeln, eine spirituelle Disziplin langfristig durchzuhalten. Wer jemals versucht hat, über eine längere Zeitspanne regelmäßig zu meditieren, kennt diese Augenblicke, da das Fleisch rebelliert und sein inbrünstiges Verlangen nach Schlaf, Sex oder Eiskrem kundtut. Und ebenso kennen wir jene

70

dunklen Nächte der Seele, in denen der Geist schreit, daß jetzt Schluß ist. Sackgasse. Kein Weg.

Wie in den meisten anderen buddhistischen Centern auch, werden im Kein-Weg von Zeit zu Zeit bestimmte Zeremonien durchgeführt, die dem müden Wanderer dabei helfen sollen, den Pfad im Auge und unter den Füßen zu behalten. Als ungefähr ein Jahr vergangen war, fühlte ich, daß es nunmehr Zeit für mich sei, mein förmliches Bekenntnis zur Zen-Praxis abzulegen. Ich teilte also Tofu Roshi mit, ich sei bereit, mich meiner *Jukai*-Zeremonie zu unterziehen – das heißt, meine Gelübde abzulegen, mich zum Buddhismus zu bekennen und meinen buddhistischen Namen zu empfangen. Bevor aber die Zeremonie stattfinden konnte, mußte ich noch mein *Rakusu* nähen, meine symbolische Robe. Dies erforderte ein langes und überaus akkurates Vorgehen, und mein Handarbeitslehrer war niemand anderer als Shusansaki – ein Sklaventreiber, wie er im Buche steht.

Gemäß unserer Tradition ist die erste Robe eine stark verkürzte, in der Form nicht von einem Schlabberlätzchen zu unterscheidende, wodurch sie, namentlich während der rituellen Mahlzeiten im Zendo, den wertvollen Dienst leistet, die Kleidung vor Spaghettisoßenspritzern zu schützen. Was die dazu erforderlichen kunsthandwerklichen Fähigkeiten anbelangt, hat man das Zusammennähen des kleinen Rakusu schon mit der Anfertigung traditioneller hawaiianischer Flaumfederstickereien oder der gitterförmigen Abdeckung einer Linzer Torte verglichen. Die Stiche, die die siebzehn kleinen Flicken zusammenhalten, aus denen das Rakusu besteht, müssen exakt 1,6 Millimeter voneinander entfernt sein, und gemäß der im Kein-Weg geltenden Tradition wiederholt der Neophyt bei jedem Einstich das Mantra »Juniek Njujork«. Juniek Njujork, Juniek Njujork, Juniek Njujork. Versuchen Sie mal, das schnell neunmal hintereinander aufzusagen.

Shusansaki maß von Zeit zu Zeit meine Stiche nach. Einmal fand er einen, der zu lang ausgefallen war, und ließ mich die ganze Seite nochmal von vorn nähen.

»Aha!« rief er mit nur mangelhaft verhohlener Genugtuung. »Versuchst es wohl mit langen Stichen schneller hinter dich zu bringen, was? Aber Buddha kannst du nicht reinlegen! Er weiß, wie lang deine Stiche sind!«

Aber zu guter Letzt, nach einer endlosen Quälerei mit verhedderten Fäden und verhedderter Zunge, war mein Röbchen fertig und ich bereit, eine Buddhistin zu werden. Ich verspürte sogar etwas wie ein Zusammengehörigkeitsgefühl mit Shusansaki, der mir bis zum Ende zur Seite gestanden und sogar eine gewisse Befriedigung über das Ergebnis meiner Arbeit zum Ausdruck gebracht hatte.

Ich lud eine Handvoll Freunde und Verwandte zur Zeremonie ein. Meine Eltern hatten sich endlich mit der Tatsache abgefunden, daß ich – ob's ihnen nun paßte oder nicht – Buddhistin war; und daß sie, wenn sie mich sehen wollten, schon zum Kein-Weg (oder »Inderpampa-Zen-Center«, wie mein Vater neuerdings dazu sagte) würden kommen müssen. Meine nichtbuddhistischen Gäste machten es sich auf Stühlen bequem, die Tofu Roshi rücksichtsvoll für sie am hinteren Ende des Zendo aufgestellt hatte; nur meine Mutter ließ sich in einem Anfall von Begeisterung auf ein Zafu nieder und fing augenblicklich an herumzuzappeln – mal streckte sie die Beine nach vorne aus, mal winkelte sie sie wieder an und schlang beide Arme um die Knie.

Zu Beginn der Zeremonie sagte Tofu Roshi, daß, wenn jemand unter den hier Versammelten einen Grund wisse, weswegen ich keine Jüngerin des Buddha werden dürfe, er jetzt sprechen möchte – oder aber für immer schweigen.

»Ich spreche«, sagte Shusansaki. Ich traute meinen Ohren nicht. Mir war, als habe er mir mit einem Schlag allen Wind aus den Segeln genommen. Würde er jetzt sagen, daß meine Stiche zu lang waren?

»Ein Jünger des Buddha nimmt nicht, was ihm nicht gegeben wird«, fuhr er mit bleierner Stimme fort, »und ich habe Grund zu der Annahme, daß Susan die bislang unbekannte Person ist, die die ganze Zeit Schuhe vom Schuhregal entwendet. Erst heute morgen sind Clarks Wanderschuhe verschwunden, während *sie* die Veranda kehrte und *ich* gerade in der Küche war und Reis mahlte.«

Ein bestürztes Schweigen senkte sich über die ganze Versammlung wie ein riesiges nasses Leichentuch.

Tofu Roshi erklärte die Zeremonie augenblicklich für beendet, und alle verließen im Gänsemarsch das Zendo und begaben sich flüsternd zum Schuhregal. Plötzlich gellte eine Stimme:

»Meine italienischen Sandalen sind weg! Und da geht jemand durchs Tor...« Ich konnte noch grad einen tarnfarbenen Ärmel hinter einem Baum verschwinden sehen. Entschlossen, den Missetäter zu stellen und dadurch meine Unschuld zu beweisen, wischte ich erst ins Zendo zurück, griff mir den Stock vom Altar, rannte dann durchs Tor hinaus und nahm die Verfolgung des Stadtguerilleros auf, der mich um meine Jukai-Zeremonie gebracht hatte.

»Bleib stehen, Dieb!« brüllte ich einer entweichenden Gestalt in einem tarnfarbenen Overall nach, die einen Sportwagen vor sich herschob. Es war weit und breit kein Mensch zu sehen, außer uns dreien – ich, sie und der Insasse des Kinderwagens. Niemand, der mir hätte helfen können, sie zu fangen. Doch kannte ich in meiner Berserkerwut keine Furcht und schoß, meinen Stock schwenkend, in wilder Jagd hinter ihr her. Als ich sie eingeholt hatte, schnitt ich ihr den Weg ab und baute mich, drohend erhobenen Knüppels, vor ihr auf. Sie blieb stehen, und das Baby im Sportwagen fing an zu weinen. Ich sah ihr sofort auf die Füße und gewahrte dort zu meiner Enttäuschung ein Paar grüner kanadischer Pumps.

»Geben Sie mir die italienischen Sandalen zurück, die Sie gerade im Zen-Center vom Schuhregal genommen haben«, sagte ich mit fester Stimme und sah ihr unverwandt ins Auge. »Wir sind weder auf Ihren Tarnanzug noch auf das Baby reingefallen.«

Nun, wie sich herausstellte, wohnte sie ein paar Häuser weiter und war nur vorbeigekommen, um einen Brief an das Zen-Center abzugeben, der aus Versehen in ihrem Briefkasten gelandet war. Wir kamen ins Gespräch und entdeckten, daß wir seinerzeit im selben Studentenheim gewohnt hatten. Ich lud sie ins Kein-Weg zur Zazen-Einführung ein, die ich neuerdings jeden Donnerstag anbot, und schon am nächsten Donnerstag kam sie tatsächlich vorbei. Sie hieß Mercy und war schon bald ein aktives Mitglied unserer Gemeinde.

Aber das ist eine andere Geschichte. Ich kehrte geknickt und ohne die gestohlenen Schuhe zum Zen-Center zurück und setzte mich mit Tofu Roshi und Shusansaki zusammen, um meinen Fall auszudiskutieren. Ich wies darauf hin, daß ich schwerlich der Schuhdieb sein könne, da doch wenigstens die italienischen Sandalen gestohlen worden seien, während ich im Zendo saß und auf meine Ordination wartete. Shusansaki verstieg sich sogar zu der Hypothese, ich könnte es ja durchaus so eingerichtet haben, daß – exakt, um mich von jedem Verdacht reinzuwaschen – ein(e) Freund(in) diesmal die Schuhe stehlen würde. Verständlicherweise war ich über seine Anschuldigungen empört, und ich hätte nicht übel Lust gehabt, alles hinzuschmeißen und aus Kein-Weg auszuziehen – zumal ich ja dort mit meinem Ankläger eine Wohnung teilen mußte. Oder doch zumindest fortan Bananen in den Kühlschrank zu legen. Doch Tofu Roshi war von meiner Unschuld überzeugt und erinnerte Shusansaki

74

an die Tatsache, daß er im Garten, nur ein paar Schritte von mir entfernt, Unkraut gejätet hatte, während ich die Veranda kehrte. Wie ein Vater (?), der einen Streit unter Geschwistern zu schlichten versucht, forderte er Shusansaki auf, sich bei mir zu entschuldigen.

»Tut mir leid, daß ich gesagt hab, du hättest die Schuhe gestohlen, Susan«, seufzte Shusansaki und starrte auf seine Sandalen. Meine feierliche Ordination wurde für die folgende Woche anberaumt. Wie dankbar bin ich heute Tofu Roshi dafür, daß er mir in jener schrecklichen Periode die nötige seelische Unterstützung zuteil werden ließ, die es mir ermöglichte, auf dem Weg zu bleiben!

Wieder stellten wir Stühle auf, und wieder füllte sich das Zendo mit Sangha-Mitgliedern und von mir eingeladenen Gästen. Tofu Roshi stellte erneut die ominöse Frage, und der ganze Raum drehte sich um und starrte in gespanntester kollektiver Atemlosigkeit auf Shusansaki. Niemand sprach ein Wort. Und so, während die Räucherstäbchen ihren beißenden Rauch in die Atmosphäre des Zendo aushauchten und Katzen vor den Fenstern jaulten, legte ich die Gelübde ab, band mir mein Lätzchen um und empfing von Tofu Roshi meinen buddhistischen Namen. An jenem Tag wurde ich Ichi Su, was, je nach Zusammenhang, entweder »Morgen-Donner« oder »Mandel-Sonnenuntergang« bedeutet.

Anschließend gab es einen kleinen Empfang im Garten, und sogar Shusansaki gratulierte mir mit einer Umarmung. Ich freute mich schon auf Tofu Roshis Umarmung, die ich mir endlich durch mein Engagement und meine akkuraten Stiche verdient zu haben hoffte. Gerade als er mit einem Augenzwinkern auf mich zukommen wollte, flitzte ein Hund, auf dessen Rücken ein Zafu festgebunden war, durch den Garten und rannte Tofu Roshi über den Haufen. Er mußte anschließend noch eine

Stunde da liegenbleiben, um sich auszuruhen, und konnte sich die nächsten zwei Wochen die Schuhe nicht zubinden.

Was das Auf-dem-Weg-Bleiben anbelangt, so habe ich persönlich die Erfahrung gemacht, daß der Pfad steinig und bisweilen von Giftefeu oder Dornensträuchern überwuchert ist. Weichen Sie diesen Hindernissen aus, ohne den Weg zu verlassen. Vielleicht wird es Ihnen auch gelegentlich so vorkommen, als hätten Sie sich hoffnungslos verlaufen; doch wenn Sie einfach weiterwandern, begegnet Ihnen früher oder später mit Gewißheit ein spiritueller Führer wie Tofu Roshi. Wer nichts wagt, gewinnt schließlich auch nichts. Und nur der Narr läßt den Spatzen aus der Hand, um die Taube auf dem Dach zu fangen.

Lieber Tofu Roshi,

wie kann ich mein höheres und mein niederes Selbst dazu bringen, miteinander zu kooperieren? Ich werde ständig zwischen widerstreitenden Wünschen hin und her gerissen. Im Bett bleiben oder fröstelnd in der frühmorgendlichen Dunkelheit des Zendo sitzen? Mit meiner Frau schlafen oder mir einen Vortrag über das Herz-Sutra anhören gehen?

Es ist nicht nur eine Zeitfrage, sondern auch ein philosophisches Problem. Das Sutra sagt: »Keine Augen, keine Ohren, keine Nase, keine Zunge, kein Körper, kein Geist«, und das macht das Miteinanderschlafen schwierig, wenn nicht gar unmöglich. Wahrscheinlich könnte ich mich ohne die ersten drei irgendwie durchwursteln, aber den Rest brauche ich schon.

Zendophren

Lieber Zendophrener,

Dein dualistisches Denken bereitet Dir unnötiges Leiden. Mach einen Kopfstand und stelle Dir dann die Frage, wo Dein höheres Selbst ist, wo Dein niederes. Oder frage Dich selbst: »Wer ist es, der mit meiner Frau schläft?«

Lieber Tofu Roshi,

ein Aspekt des achtteiligen Pfades ist das Vermeiden von eitlem Geschwätz. Könntest du uns ein paar Tips geben, wie dies zu bewerkstelligen sei, ohne gleich jede Form von Kommunikation einzustellen?

Moses Lundwerk

Lieber Moses:
1. Vermeide Artikel, Partikel, Adverbialsätze.
2. Red schnell. Schneller Du schwätzt, eher Du still.
3. Merke: Wenn Du meinst, Du hättest etwas Interessantes zu sagen, könntest Du unrecht haben. Behalte insbesondere Deine Träume für Dich.

Lieber Tofu Roshi,
ich studiere Buddhismus in einem Zen-Center, wo sich außer dem Priester niemand den Kopf rasiert. Mein Problem ist, daß ich völlig kahl bin. Die Leute glauben, ich müsse auch ein Priester sein, und führen sich in meiner Nähe extrafromm auf, gehen wie auf Eiern und sprechen nur im Flüsterton miteinander. Oder, was noch schlimmer ist, sie glauben, ich würde mir den Kopf rasieren, damit man mich für einen Priester hält.

Manchmal frage ich mich, ob unser Priester nicht neidisch auf meine glänzende Glatze ist. Seine ist so stoppelig. Wie mein Großvater zu sagen pflegte: »Gott schuf ein paar vollkommene Köpfe, und die übrigen bedeckte er mit Haaren.«

Wie kann ich dieses Mißverständnis aufklären? Meinst Du, ich sollte mir eine Haar-Transplantation machen lassen?

Kahl doch Unerleuchtet

»Mach einen Kopfstand und stelle dir dann die Frage, wo dein höheres Selbst ist, wo dein niederes.«

Lieber Kahl,

ich glaube nicht, daß ein Haar da groß was ändern würde. Es wären schon mehrere erforderlich, meinst Du nicht? Doch es ist nicht notwendig. Sagen wir nicht im Sutra: »Keine Augen, keine Haare, keine Nase, keine Zunge, kein Körper, kein Geist«? Laß Dir nicht von kleingeistigen Leuten Sand in die Augen streuen. Oder das Fell über die Ohren ziehen.

Lieber Tofu Roshi,

ich bin verzweifelt. Ich meditiere schon seit zehn Jahren und habe immer noch keine Erleuchtung gehabt. Jedenfalls nicht daß ich wüßte. Ich bin zu meinem Hausarzt gegangen und habe mich komplett durchchecken lassen, nur für den Fall, daß mein Problem irgendwelche physiologischen Ursachen hätte. Er meinte, ich sei die Gesundheit in Person, wenn man von meinen Dornwarzen absieht, und er könne sich nicht vorstellen, wie die mich von der Erleuchtung abhalten sollten.

Ich habe neulich an einem mehrmonatigen Meditations-Retreat teilgenommen. Ich hatte gehofft, diesmal würde ich garantiert das Große E abkriegen. Alle um mich herum gaben die vielseitigsten Geräusche von sich, stöhnten, schrien und brachten in der einen oder anderen Weise ihre transzendentale Verzückung zum Ausdruck. Ich saß einfach nur so da und versuchte, mich nicht zu kratzen.

Ach Roshi! und was, wenn die alle nur so tun? Was, wenn das Ganze nur ein einziger großer Beschiß ist? Soll ich vielleicht auch so tun, als hätte ich Satori? Dann würde man etwas mehr von mir halten. Doch zu meinem Glück komme ich aus einem religiösen Zuhause und weiß, daß, wenn ich eine Erleuchtung simulierte, ich nur mich selbst und niemand anders hinters Licht führen würde.

Am Ende des Sesshin habe ich den Typen gefragt, der neben mir gesessen hatte: »Hattest du Satori?« Er antwortete kühl: »Das ist eine Privatangelegenheit, über die ich lieber nicht reden möchte.«

Ich habe auch mal ein paar Leute in meinem Sangha gefragt, was sie davon halten würden, wenn wir eine Selbsthilfegruppe für Präsatoriker auf die Beine stellten. Aber die haben mich nur so angeguckt, als hätte ich vorgeschlagen, einen Massage-Workshop für Syphilitiker einzurichten.

Ach Roshi! gibt es wirklich sowas wie die Erleuchtung? Und wenn ja: warum habe ich dann nie eine?

Virginia

Liebe Virginia,

ja, Virginia, es gibt die Erleuchtung. Das wirst Du schon selbst merken, wenn Du sie erstmal hast. Aber ganz im Vertrauen gesagt: Viele Menschen, die tatsächlich Satori erfahren, müssen zu ihrer großen Enttäuschung feststellen, daß ihr Leben anschließend ganz genauso langweilig ist wie vorher. »Nix Besonderes«, wie sie sagen. Wenn Du erst erleuchtet bist, erkennst Du, daß Du schon jetzt erkennst, was Du erkennst, wenn Du erleuchtet bist.

Lieber Tofu Roshi,

wir rezitieren jeden Tag das Herz-Sutra. Ich weiß, daß dies das Herz unserer Übung sein sollte, doch es kommt mir so blutleer vor, wie in der Sonntagsschule, als ich das Vaterunser automatisch runterleierte. Wie kann ich das Herz-Sutra zu einem wirklichen Bestandteil meines Lebens machen?

Autopilot

Lieber Pilot,

ich würde Dir vorschlagen, einen Herz-Sutra-Club zu gründen, wie das auch Mitglieder unseres Sangha getan haben. Ihr Ziel ist die Akkumulierung von möglichst viel Verdienst mittels Ausübung guter Werke und die anschließende Umverteilung desselben an Bevölkerungsschichten oder Einzelpersonen, die über wenig oder nichts davon verfügen. Erst kürzlich unternahm die Gruppe eine Feldexkursion zur örtlichen Blutbank und spendete Blut unter gleichzeitiger Rezitation des Herz-Sutras. Auf ihren Wunsch hin habe ich sie begleitet, um die Glocken zu läuten und dem Vorgang eine gewisse Amtlichkeit zu verleihen. Das Projekt erwies sich als äußerst lehrreich für die Schwestern und als eine intensive Gemeinschaftserfahrung für die Clubmitglieder, die alle mit einem roten herzförmigen Spenderabzeichen nach Hause zurückkehren konnten.

Lieber Tofu Roshi,

im Verlaufe eines längeren Retreats lernt man Menschen in mancher Hinsicht wirklich gut kennen. Man wird mit ihrer physischen Erscheinung vertraut, mit ihrer Art zu gehen, sich zu verneigen und ihr Essen zu kauen – wenn sie kauen.

Naja, und genau das ist mein Problem. Wenn ich an einem längeren Retreat teilnehme, werde ich im Laufe der Tage und Wochen gegenüber den Lebewesen um mich herum nicht offener und liebevoller, sondern bin ihnen gegenüber ganz im Gegenteil zunehmend kritisch eingestellt. Bei unserem letzten Sesshin gab es einen Mann, der nach jedem Schritt seiner Geh-Meditation zufrieden vor sich hinnickte, als gratulierte er sich selbst zu seiner ausnehmenden Heiligkeit. Und es gab eine Frau, die, wenn sie die Hände zum Gassho aneinanderlegte, dabei den kleinen Finger abspreizte, als ob sie bei der Queen zum Tee wäre. Bei solchen Anlässen kommt's mir richtig hoch. Ich möchte alles kurz und klein schlagen. Jede damenhafte Verbeugung und jedes selbstgefällige Nicken treibt mich zur Weißglut. Ist es Dir jemals so ergangen? Im normalen Leben bin ich ansonsten ein durchaus freundlicher Mensch.

Gladys

Liebe Gladys,

ich hatte einmal eine Schülerin, die es nicht lassen konnte, während des Zazen andauernd Wollfussel von ihrem Pullover zu zupfen. Sie bot uns die Gelegenheit, Geduld und Nachsicht zu üben. Eines Tages bemerkte ich zu meiner ziemlichen Erleichterung, daß sie ihren Pullover endlich völlig kahlgerupft hatte, doch anderntags kam sie mit einem neuen an und nahm ihn unverzüglich in Arbeit.

Um eine harmlose Entladung solcher im Verlaufe eines längeren Retreats sich aufbauender Spannungen, wie Du sie beschreibst, zu ermöglichen, bediene ich mich häufig des folgenden Mittels. Etwa nach Ablauf der ersten Hälfte des Sesshin vereint sich die Gemeinde zu einer Art Charade, bei der jeder der Reihe nach die nervenden Eigenheiten eines anderen nachahmt, während die Zuschauer raten sollen, wer da gerade imitiert wird. Nach einer solchen kleinen Stegreifpantomime fühlen wir uns alle einander viel näher.

Lieber Tofu Roshi,

buddhistische Centers sind in der Regel knapp bei Kasse, doch das Beschaffen von Geldern ist keine besonders populäre Tätigkeit. Ich möchte deshalb Deine Leser von zwei Mittelbeschaffungsmaßnahmen in Kenntnis setzen, die wir in unserem

Tempel für bLom Bard & Ts'ins, einem Rinzai-Kloster, schon seit geraumer Zeit mit gutem Erfolg praktizieren.

Schon immer haben wir monatliche, einwöchige Sesshins mit einem Festpreis für Unterkunft und Verpflegung abgehalten. Neuerdings erklären wir jedes zweite Sesshin zu einem »Reinigungs-Sesshin«, bei dem die Nahrungsaufnahme stark reduziert wird, der Preis jedoch gleichbleibt. Wir haben dabei die Obergrenze der im Rahmen solcher Veranstaltungen sich bietenden Einsparungsmöglichkeiten noch gar nicht erreicht und behalten uns künftige entsprechende Programmänderungen vor. Denkbar wäre etwa die Kürzung der Pro-Kopf-Verköstigung auf eine Scheibe eingelegten Rettichs pro Tag, eine Anhebung der Splittingrate bei Papierservietten durch Vierteilung anstelle der bislang üblichen Halbierung sowie eine drastische Senkung der Energiekosten mittels Bestückung sämtlicher Lampen im Tempel mit Zwölfeinhalbwattbirnen – sobald wir dafür eine Bezugsquelle ausfindig gemacht haben.

Zweitens haben wir uns dieses Jahr das alljährliche Spenden-Eintreibungs-Dinner (stets ein sowohl kapital- als auch arbeitsintensives Ereignis) gespart und statt dessen unser erstes Zen-Marathon veranstaltet. Jeder Teilnehmer erhielt einen Quittungsblock und forderte seinen jeweiligen Sponsor auf, sich für jede Runde Zazen, die sein Schützling im folgenden sitzen würde, zur Leistung einer bestimmten Spende an das bLom Bard & Ts'ins zu verpflichten. Den Sponsoren wurde weiterhin nahegelegt, für den Fall, daß ihr Sitzer im Verlaufe des Marathons *Kensho* haben würde, einen Bonus in Aussicht zu stellen. Das Zen-Marathon begann an einem Montag zu unserer gewohnten Zeit, um fünf Uhr früh, und endete erst, als die letzte Teilnehmerin von ihrem Zafu kippte.

Die Erfahrung lehrte uns, daß es für die Teilnehmer karmamäßig von Vorteil ist, wenn sie ihrem potentiellen Sponsor vor dem

Start eine ungefähre Schätzung ihrer voraussichtlichen Runden-
zahl geben und ihnen mitteilen, ob sie damit rechnen, Kensho
zu haben, oder nicht. Natürlich sind manche Sitzer billiger zu
sponsern als andere. Alles in allem war dieses nondualistische
Ereignis ein voller Erfolg, sowohl in finanzieller als spiritueller
Hinsicht – echtes Zazen in Aktion.

Ich hoffe, daß unsere Ideen anderen dazu verhelfen mögen,
die Mittelbeschaffung zu einer unterhaltsamen Tätigkeit umzu-
gestalten.

Ein asketischer Buchhalter

5. Intime Beziehungen

»Jetzt verbringt er jede freie Minute damit,
Asche nach Räucherstäbchenstummeln zu sieben«

Als ich eines Morgens zu seinem Büro am Ende des Korridors ging, meinte ich durch die Tür zu hören, wie Tofu Roshi Selbstgespräche führte. Ich blieb neugierig stehen und lauschte.

»Bist du wach?« hörte ich seine vertraute Stimme fragen, diese Stimme, die für einen Mann zu hoch und für eine Frau zu tief war. Konnte es sein, daß jemand bei ihm im Büro schlief?

»Ja, Roshi«, war die schockierende Antwort – schockierend deswegen, weil ich den Sprecher erkannte. Und wissen Sie, wessen Stimme das war? Tofu Roshis!

Die Unterhaltung ging weiter:

»Möchtest du noch eine Tasse Tee haben?«

»Ja, gern, sehr freundlich!« antwortete er sich selbst höflich. »Aber es hat überhaupt keine Eile«, fügte er dann noch hinzu.

Ich klopfte an die Tür.

»Geh nur rein, Ichi Su«, sagte ich mir. »Nur keine Förmlichkeiten!« Ein paar Augenblicke später bat mich Tofu Roshi, ihm noch eine Tasse Tee zu bringen.

»Ich hatte mich selbst darum gebeten«, erklärte er, »aber ich hörte anscheinend gerade nicht zu.«

Die Briefe in diesem Kapitel handeln von der Intimität – oder dem Fehlen derselben – auf dem Weg zur Erlösung. Eines der am häufigsten auftretenden Probleme ist die Notwendigkeit, die Anforderungen der spirituellen Praxis mit denen einer intimen Beziehung zu vereinbaren – insbesondere dann, wenn einer der beiden Partner *nicht* den spirituellen Weg beschreitet. Es ist wahrlich keine neue Entdeckung, daß des Menschen Sehnsucht nach sinnlicher Liebe, danach, mit einem anderen Wesen zu verschmelzen, bei seinem oder ihrem Streben nach Erleuchtung einen ziemlichen Klotz am Bein darstellt. Schon vor langer Zeit sagte uns Buddha, daß aus dem Begehren Leiden erwächst. Dennoch scheinen wir alle nur aus eigener trauriger Erfahrung klug werden zu wollen.

Für mich persönlich, die ich als alleinstehende Frau im Kein-Weg wohnte und den ganzen Tag mit Tofu Roshi zusammenarbeitete, bestand das Problem darin, gegen meine wachsende Zuneigung zu ihm ankämpfen zu müssen. Er war der wichtigste Mensch in meinem Leben; er war meine Bezugsperson. Ich fühlte mich ihm unglaublich nah, und doch trennte uns zugleich eine große Kluft. Wir hatten uns nicht ein einziges Mal umarmt, geschweige denn mehr getan, und ich wußte immer noch nicht genau, ob er ein Mann oder eine Frau war – wenngleich ich im allgemeinen eher dazu neigte, von ihm als von einem Mann zu denken. Zuweilen fragte ich mich, ob meine Liebe zu ihm sich in irgendeiner Hinsicht verändert haben würde, wenn ich entdeckt hätte, daß er weiblichen Geschlechts war. So gab ich mir die geistige Übung auf, ihn mir als Frau vorzustellen. Ich versuchte das einmal in der Woche, jeweils mehrere Stunden lang.

Eines Morgens – es war wieder einer dieser Vormittage, an denen Tofu Roshi eine Frau sein sollte – saßen wir in ihrem Büro und machten gerade eine Teepause vor dem nächsten Schwung Briefe. Wir unterhielten uns über Lebenszyklen und fragten uns insbesondere, ob es ein bestimmtes Lebensalter gibt, in welchem der Mensch die besten Voraussetzungen dafür hat, sich spirituell zu entfalten. Zugleich führte ich eine Visualisationsübung durch: Ich malte mir Tofu Roshis weiche Brüste unter ihrer unförmigen Robe aus – groß und rund und weit voneinander abgesetzt.

»Wie alt warst du, als du zum ersten Mal Zazen gesessen hast?«, fragte sie mich.

»Vierunddreißig B«, antwortete ich, meine Augen auf ihren Busen geheftet.

Sie folgte meinem Blick bis zu ihrer Brust und entfernte dann einen Fussel von der Robe, vielleicht in der Annahme, ich hätte darauf gestarrt. Plötzlich genierte ich mich, errötete, wurde zappelig. »...C«, hörte ich sie noch sagen. Hatte ich mich so verschätzt? Sie wiederholte:

»Tse. Lao-tse. Er sagte: ›Die einzige Art zu handeln ist, zu sein.‹«

»Vierunddreißig, begreifst du?« versuchte ich die Sache zurechtzubiegen. »Schau, ich hätte genausogut dreiunddreißig oder fünfunddreißig sein können, doch als es geschah, war ich eben vierunddreißig.«

Ja, ich liebte sie auch an den Tagen, an denen sie eine Frau war – aber es war eine andere, vergeistigtere Art von Liebe.

Meistens jedoch war Tofu Roshi für mich ein Mann, und so sehr ich mich dann auch bemühte, gelang es mir nicht, das Gefühl, das ich ihm entgegenbrachte, vollkommen rein zu halten. Ich litt unter meinem Begehren. Nach meiner Jukai-Zeremonie hatte ich gehofft, Tofu Roshi würde für die neue Ichi Su eine tiefere Zuneigung als für die alte Susan empfinden; doch zu meiner großen Enttäuschung behandelte er mich ganz genauso wie vorher. Ich verlangte nach seiner Liebe und schämte mich ob meines Verlangens.

Ein weiteres Jahr verging, und noch eins und noch eins, und ich beschloß, Priesterin zu werden. Das war eine ernste Entscheidung – die Entscheidung, mein ganzes Leben der Zen-Praxis zu weihen, der Aufgabe, anderen Menschen auf ihrem Weg zu helfen. Doch wenn ich zurücktrat und mein unfertiges Leben auf der Staffelei ins Auge faßte, sah ich, daß schon jetzt meine einzige Perspektive der Buddhismus war. Ich ging nicht einmal mehr zum Reinheit-Ist-Alles-Waschsalon, weil die Arbeit im Büro mir überhaupt keine Zeit dazu ließ. Meine Wäsche nahm Tofu Roshi immer mit, der sich viel lieber im Waschsalon als im Büro aufhielt. Er sortierte sie nach Farben und faltete sie fein säuberlich, aber er verlor sogar noch mehr Socken als ich. Seine Waschsalon-Gatha ging folgendermaßen:

> Mit Reptil und Insekt werf ich meine Haut ab.
> Ich bin mit allem, was sich schält, identisch:
> Zwiebeln und Bananen kennen das Gefühl.
> Der Waschsalon ist unser aller Ziel.
> Neben mir faltet am großen Tisch
> Ein Heuschreck seinen frischgewaschnen Panzer.

Priesterin zu werden hätte also meine Lebensweise nicht eigentlich verändert, doch es wäre eben eine verbindliche Anerkennung, ein öffentliches Bekenntnis meiner Zugehörigkeit zum Weg des Buddha gewesen. Ich schaute tief in mich hinein, unterzog meine Motive einer eingehenden Prüfung und gelangte zu dem Schluß, daß dies der richtige Zeitpunkt sei. Es war vielleicht nicht gänzlich auszuschließen, daß ein kleiner Teil von mir diesen Schritt nur deswegen unternehmen wollte, um in Tofu Roshis Achtung zu steigen; doch wäre es, wie ich fand, unfair von diesem Teil gewesen, die Interessen des anderen Teils, der den Priesterstand aus legitimeren Gründen anstrebte, derart zu sabotieren.

Ich war nicht das einzige Mitglied unseres Sangha, das sich zu diesem Schritt entschlossen hatte; es war noch ein zweites da. Wir zwei würden die ersten Priester sein, die ihre Weihen im Kein-Weg empfingen, und die ersten, die Tofu Roshi jemals ordiniert haben würde. Der andere Anwärter war mein Bruder im

Dharma, ein Mann, mit dem ich viel Karma gemeinsam hatte – Shusansaki! Wir bewohnten immer noch dasselbe Apartment auf der Rückseite des großen Hauses und hatten weiterhin unsere liebe Not damit, uns gegenseitig zu ertragen.

Shusansaki war immer noch Aufseher des Schuhregals und wurde immer noch von – in der Regel neuen und teuren – verschwindenden Schuhen an den Rand des Nervenzusammenbruchs getrieben. Ich war der Meinung, daß bei der Vergabe der Ämter – im Interesse einer weitergehenden Demokratisierung und Gleichberechtigung im Zen-Center – das Rotationsprinzip eingeführt werden sollte und daß es endlich an der Zeit sei, jemand anderem diese Verantwortung zu übertragen. Es kam mir so vor, als beginne Shusansaki, sich allzusehr mit seinem Herrschaftsbereich zu identifizieren und allgemein in einer Recht-und-Ordnung-Mentalität zu erstarren. Er hatte zum Beispiel eine Zeitschrift namens »Schlösser von morgen« abonniert und probierte alle möglichen Sicherheitsvorkehrungen aus. Ich glaube nicht, daß alle diesbezüglichen Ideen aus der Zeitschrift stammten. Einmal legte er, nachdem wir anderen in das Zendo gegangen waren, eine gespannte Mausefalle in jeden einzelnen Schuh; und als wir wieder herauskamen, mußten wir alle Schlange stehen und warten, bis er jede Falle mit einem Stöckchen zum Schnappen gebracht hatte, so daß wir sie wieder anziehen konnten. Ein anderes Mal führte er das – wie er es nannte – »Schuhgeschäfts-Ausstellungssystem« ein: Alle Zendobesucher wurden aufgefordert, nur einen Schuh im Regal abzustellen und den anderen mit hineinzunehmen. Solange wir diese Methode anwandten, wurde tatsächlich kein einziger Schuh gestohlen; aber im Zendo waren die Schuhe im Weg – insbesondere während der Mahlzeiten, wo sie wie eine vierte Eßschüssel neben den anderen drei auf dem Brett herumstanden. Und als eine nervöse Bedienung eine Kelle Miso-Suppe in

Shusansakis Lieblingsschlappe kippte, wurde das »Schuhge-schäfts-Ausstellungssystem« wieder aufgegeben.

Ich hielt es für ratsamer, das Ämter-Rotationsprinzip nicht öffentlich zur Sprache zu bringen, weil ich befürchtete, Shusan-saki würde dann Tofu Roshis Sekretär werden wollen und ich würde das Amt der Aufseherin des Schuhregals übernehmen müssen. Mit meinem Job war es ja etwas anderes – er hatte nichts direkt mit der Verwaltung, dem Tagesablauf des Zen-Centers selbst zu tun, und er verschaffte mir darüber hinaus mein einziges Einkommen. Ich sollte an dieser Stelle wohl er-wähnen, daß ich – einschließlich der Zeit, die ich damit zu-brachte, Tofu Roshi die Schuhe zu binden – weit über vierzig Stunden in der Woche arbeitete und dafür Unterkunft, Verpfle-gung und ein wöchentliches Taschengeld von fünf Dollar bekam – wovon das meiste für Socken draufging. Meine übrige Garde-robe konnte ich mit Hilfe unserer Fundsachenkiste bestreiten, in der sich zum Teil recht hübsche Sachen fanden; wenngleich ich betonen möchte, daß ich diesem Fonds nichts entnahm, was nicht mindestens neunzig Tage dort gelegen hatte. Ich weiß das, weil Shusansaki jedes gefundene Kleidungsstück datierte.

Traditionsgemäß mußten Shusansaki und ich unsere Priester-roben selbst anfertigen; da wir aber beide keinerlei Erfahrung in dieser Kunst besaßen, fuhren wir einmal die Woche mit dem Zug nach San Francisco, um uns von einem sehr alten Japaner, der mit Tofu Roshi befreundet war, darin unterweisen zu lassen. Der alte Mann hatte ein Schweigegelübde abgelegt und lehrte uns daher ohne ein Wort, nur durch sein Beispiel. Aus Respekt vor seinem Schweigen wiederholten wir unser Näh-Mantra »Ju-niek Njujork« lautlos vor uns hin. Nach der ersten Hälfte jeder Nähsitzung machten wir eine Pause, er klatschte in eine Hand, und ein kleiner Junge, vermutlich sein Enkel, brachte uns Tee und chinesische Schicksalsplätzchen. Der Alte schaute uns immer mit Begeisterung zu, wie wir unsere Weissagung aus dem Gebäck herausfischten, dann öffnete er seine und lachte laut. Ich erfuhr nie, was bei ihm draufstand, aber ich bekam jede Woche denselben Spruch: »Laß dich nicht von deinem Herzen an der Nase herumführen.« Als wir uns eines Abends auf dem Heimweg befanden, fragte ich Shusansaki nach seinem Spruch. Er sagte, auch er bekomme immer denselben, aber einen anderen als ich. Er lautete: »Erwarte nicht, daß ein Hund dir die Pantoffeln bringt.« Die Sinnsprüche waren auf rosa Papierstreifchen gedruckt und unterschieden sich in nichts von denen, die man in chinesischen Restaurants bekommt.

Zu guter Letzt wurden die Roben fertig, und wir empfingen im Rahmen einer ganz intimen Zeremonie unter der Leitung unseres geliebten Tofu Roshi die Priesterweihe. Ich hatte diesmal keine Gäste eingeladen, weil ich mehr Selbstvertrauen hatte und nicht mehr das Bedürfnis verspürte, meinen Buddhismus an die große Glocke zu hängen. Außerdem hielt sich Roshi an die traditionelle Vorschrift, nach der angehende Priester zum Zeichen ihrer Demut und der Unwiderruflichkeit ihres Entschlusses sich für die Ordination den Kopf rasieren sollen. Es wäre ein ziemlich harter Brocken für meine Mutter gewesen, mich mit kahlrasiertem Schädel sehen zu müssen. Hinzu kam noch, daß der Anblick von mir und Shusansaki, wie wir nebeneinander vor einem Priester standen, sie unweigerlich an die ganz andere Zeremonie erinnert hätte, die sie sich für mich – und sei es nur mit dem Aufseher des Schuhregals als Partner – seit langem so sehnlich wünschte. Um die Wahrheit zu sagen, hatte sie sogar eine ziemliche Schwäche für ihn, seitdem er ihr einmal wegen ihrer neuen roten Schuhe Komplimente gemacht hatte.

»Heutzutage achtet kaum noch jemand auf die Fußbekleidung«, hatte sie mir damals gesagt. »Aber Shusansaki weiß, daß der Schuh offenbart, wie der Mensch ist.«

Als mehrere Monate später ebendieses rote Paar Schuhe, während Mama im Zendo an einer Sondersitzung der Selbsthilfegruppe für Eltern von Zen-Schülern teilnahm, vom Regal verschwand, legte sie dies nicht Shusansaki zur Last, sondern schien mich irgendwie dafür verantwortlich zu machen.

»So wie du immer deine Schuhe rumliegen läßt, kann ja jeder Hergelaufene sie sich unter den Nagel reißen«, beschwerte sie sich.

»Aber Mama, es waren doch *deine* Schuhe, und *du* hast sie draußen stehenlassen.«

»Das ist ja genau, was ich meine«, sagte sie. »Ich wollte dich nur nicht in Verlegenheit bringen, Liebes.«

Die erste Kopfrasur bei mir und Shusansaki erledigte an jenem kühlen und nebligen Morgen unserer Ordination, mit sanfter und erfahrener Hand, Tofu Roshi persönlich. Es ist sehr schwierig, sich selbst den Kopf zu rasieren. Als es ein paar Wochen später an den Schläfen wieder sichtbar zu sprießen begann, fragte ich Tofu Roshi, ob er mir nochmal helfen könne, und er erklärte sich dazu bereit. Zuerst rasierte er mir den Kopf, und anschließend ich ihm. So bürgerte es sich bei uns ein, daß wir uns gegenseitig rasierten. Doch erinnerte er mich jedesmal wieder daran, daß es nicht nötig sei, den Kopf rasiert zu halten, wenn es mir irgendwie unangenehm sei, und daß es nicht der Zweck buddhistischer Übung wäre, uns unseren Eltern zu entfremden. Er erklärte, ich dürfe nicht allzusehr an den Äußerlichkeiten des Buddhismus hängen, eine ehrliche und kritische Einstellung sei wichtiger als eine glatte Kopfhaut.

»Wie kannst du kein Haar eine ›Äußerlichkeit‹ nennen?« fragte ich.

Ich wußte, daß ich noch Zeit brauchte, bis ich imstande sein würde, mein verkrampftes Selbstbewußtsein hinter mir zu lassen und mich völlig rückhaltlos zum Buddhismus zu bekennen.

»Ich erkannte plötzlich, daß ich mich selbst rasierte,
daß Tofu Roshi und ich ein und dasselbe waren.«

Außerdem wollte ich den dualistischen »männlich-weiblich«-Begriff überwinden. Ebenso wie Tofu Roshis Geschlecht unbekannt war, hoffte auch ich, indem ich mir den Kopf rasierte, zu einem Wesen ohne bestimmtes Genus zu werden.

Aus Gründen der Zeitersparnis gewöhnten Roshi und ich uns an, uns den Kopf gleichzeitig gegenseitig zu rasieren. Wir standen einander zugewandt, und zwar so, daß ich mit Hilfe eines hinter ihm stehenden Spiegels auch seinen Hinterkopf überblicken konnte. Meinen Hinterkopf sah er zwar nicht, doch schien er ihn wie seine eigene Westentasche zu kennen. Hier bot sich mir nun endlich die Möglichkeit, im Rahmen einer spirituellen Tätigkeit meinem Lehrer körperlich nahe zu sein.

Eines Morgens standen Roshi und ich zusammen im Büro und hatten die Arme in figareskem Bestreben umeinander geschlungen; das Summen unserer zwei Elektrorasierer spann uns ein und sperrte den Rest der Welt aus. Mich rechter Achtsamkeit befleißigend, war ich vollkommen in die Empfindung eingestimmt, die Tofu Roshis Haut an meinen Fingern verursachte. Ich schaute in den Spiegel und erkannte plötzlich, daß ich mich selbst rasierte, daß Tofu Roshi und ich ein und dasselbe waren. In diesem Augenblick ging die Tür auf, und Shusansaki kam herein. Er stand da wie tiefgefroren; die Morgenpost knüllte in seinen Händen. Roshi, der ihm den Rücken zukehrte, hatte ihn weder gesehen noch gehört. Er fuhr mir noch abschließend ein paarmal über den Nacken und meinte dann zufrieden:

»Ich bin fertig, Ichi Su. Und du?« Ich knipste meinen Rasierer aus, um Shusansaki anzusprechen – wenngleich ich keine Ahnung habe, *was* ich ihm gesagt hätte –, doch er schmiß die Post auf den Boden, machte kehrt und war weg.

Der Skandal erschütterte unsere Gemeinde wie ein veritables Erdbeben. Eine seiner unmittelbarsten Auswirkungen war die

Aufforderung an Tofu Roshi, vor versammeltem Sangha öffentlich Stellung zu beziehen. Doch genau an dem Morgen, an dem die Gemeindeversammlung stattfinden sollte, unternahm ich einen schwerwiegenden Schritt. Ich verließ das Center. Ich hatto beschlossen, einen Monat in Mendocino County, in der Hütte meiner Freundin Mercy zu verbringen, wo es weder Strom noch Telefon gab, mir die Haare wachsen zu lassen und meine Beziehung zu Tofu Roshi und zum Buddhismus zu überdenken. Ich wollte, unbeeinflußt von jeder möglichen Entscheidung seitens des Sangha, tief in mein Herz schauen. Ich ließ einen Brief für Shusansaki auf dem Küchentisch zurück, in dem ich ihn bat, Tofu Roshi während meiner Abwesenheit bei der täglichen Korrespondenz zu helfen sowie ihm den Kopf zu rasieren und die Schuhe zu binden.

»... Und wenn du herauskriegst, ob Tofu Roshi ein Mann oder eine Frau ist, stehst du mit ihm auf vertrauterem Fuße, als ich es jemals getan habe. Mein Gewissen ist so rein wie frischgefallener Schnee.

Deine Schwester im Dharma,
Ichi Su.«

Lieber Tofu Roshi,

vor über einem Jahr lernte ich einen wirklich liebevollen, emotional reifen Mann kennen. Wir merkten auf Anhieb, daß wir hundertprozentig zusammenpaßten, und schon bald wußten wir, daß wir es miteinander ernst meinten. Unsere Beziehung ist weiterhin unverändert herzlich, zärtlich und rundum befriedigend. Wir haben keinerlei Probleme.

Hilfe! Was soll ich tun? Ich war in meinem ganzen Leben noch nie in einer solchen Situation.

Ohne Mut in Hollywood

Liebe Ohne,

irgendein Problem haben wir immer. Wenn's nicht dies ist, dann ist es das. Und leben bedeutet, nach bestem Vermögen an unseren Problemen zu arbeiten.

Ich möchte Dir helfen, nicht zu verzagen. Möglicherweise hast Du irgend etwas übersehen. Vergißt er vielleicht manchmal, die Zahnpastatube wieder zuzumachen? Wenn die Antwort »nein« lautet und Du auch keine anderen Steine des Anstoßes findest, würde ich Euch vorschlagen, den nächsten Urlaub gemeinsam in einem Ferienhaus zu verbringen und so viele beiderseitige Verwandte wie nur irgend möglich als Gäste einzuladen. Oder unternehmt zusammen eine lange Reise im Auto. Das hilft oft.

Ich wünsche Dir alles Gute. Es wäre wirklich jammerschade, wenn eine so schöne Beziehung wie die Eure aus Mangel an Problemen in die Brüche ginge.

Lieber Tofu Roshi,

im Zendo gibt's einen Jungen, den ich wirklich echt mag, und immer, wenn ich neben ihm sitze, schaut er möglichst unauffällig zu mir rüber. Als wir heute nach dem Zazen unsere Zabutons abbürsteten, hat er mit seiner Hand meine gestreift, und ich könnte schwören, daß es Absicht war. Jedesmal, wenn ich im Sutra die Passage höre, wo von der »Erfullung aller Bezichungen« die Rede ist, läuft's mir heiß und kalt den Rücken runter. Glaubst Du, ich habe Chancen bei ihm?

Atemlos

Liebe Atemlos,

ganz sicher hast du Chancen bei ihm, die Frage ist nur: was für welche? Vielleicht hast Du bei ihm die Chance, viele gesunde Kinder zu bekommen und großzuziehen, ein glückliches Leben zu führen und gemeinsam ein hohes Alter zu erreichen. Oder vielleicht hast Du auch die Chance, eine Enttäuschung zu erleben. Die Zeit wird es lehren. Auf alle Fälle solltest Du Deine Beziehungen nicht im Zendo selbst erfüllen.

Lieber Tofu Roshi,

ich bin meinem örtlichen Zen-Center beigetreten, weil ich sehr gern einen empfindsamen Mann mit Erleuchtung kennenlernen möchte. Ich glaube, das wäre genau die richtige Art Mann für mich. Ich habe allerdings die Beobachtung gemacht, daß alle männlichen Singles im Zen-Center sehr ausgeprägte analcharakteristische Persönlichkeitsmerkmale aufweisen – wenn Du den Fachausdruck gestattest – und völlig außerstande sind, ihre Gefühle zum Ausdruck zu bringen. Ich bin ein total warmherziger, echt ausdrucksfähiger Mensch, der die Liebe, die er für andere empfindet, bewußt und aus Überzeugung ganz zwanglos aus sich herausläßt.

Neulich habe ich mich nach dem Zazen mit einem Typen unterhalten und ihm von meiner Atmung erzählt. Als ich ihn zum

Abschied ein bißchen umarmte, machte er einen Satz nach hinten und brüllte irgendwas auf Japanisch oder Sanskrit oder sonstwas in der Art. Dann zeigte er auf meine Schuhe auf dem Regal und sagte: »Verwende bitte nicht dieses Brett vom Schuhregal. Es ist für die Priester reserviert.«

Ich hatte eigentlich gedacht, in einem Meditationscenter ließen sich Männer finden, die es gelernt haben, ihren weichen Kern rauszulassen; aber vielleicht habe ich ja die falsche Sekte erwischt. Meinst Du, ich sollte mal mein Glück mit Vipassana oder Yoga versuchen?

Yinchen

Liebes Yinchen,

das Abgrasen von Meditationshallen nach potentiellen Partnern führt nicht zur Erleuchtung. Wenn Du Erfolg haben willst, mußt Du Dein intentionales Handeln von jeglicher Zielstrebigkeit befreien. Du mußt Dich selbst davon überzeugen, daß der einzige Zweck Deiner Meditation die Erlösung aller Wesen ist.

Nun zu Deiner Frage: Meinen Beobachtungen zufolge scheint die Vipassana-Meditation viele Therapeuten anzuziehen, während Dichter und Künstler eher zu tibetischen Praktiken neigen. Köche und Klempner bevorzugen den Zen-Weg, und der Yoga spricht vornehmlich abgewirtschaftete Akademiker an. Behalte also diese Trends im Auge, wenn Du künftig nach einem Mann suchst, der seine Gefühle ausdrücken kann.

Liebe Leser,

da der folgende Brief sich für die vielen Buddhisten, die den Pfad zum Satori als Alleinreisende beschreiten, als hilfreich erweisen könnte, möchte ich ihn Euch nicht vorenthalten.

Lieber Tofu Roshi,

ich weiß, daß heutzutage viele Leute allein und vereinsamt sind, die Kleinfamilie auseinanderbröckelt und die Scheidungsrate selbst unter spirituell orientierten Menschen sehr hoch ist. Ich möchte Dir und Deinen Lesern mitteilen, was wir uns in unserem buddhistischen Center ausgedacht haben, um diesem Mißstand entgegenzuwirken.

Wir haben eine Studiengruppe für Singles ins Leben gerufen, die bislang nur ein einziges Mal getagt hat. Diese erste Begegnung fand im Hot Tub (großer hölzerner, mit warmem Wasser gefüllter Gemeinschafts-Badezuber) eines der Gruppenmitglieder statt, und das Diskussionsthema war ein Aspekt des achtteiligen Pfades, nämlich »Wenig Wünsche haben«. Nach der eigentlichen Diskussion erzählten wir uns gegenseitig Anekdoten zum Thema »Mein peinlichstes Zendo-Erlebnis«. Die Veranstaltung war ein voller Erfolg, und nächsten Monat wollen wir uns mit »Stil und Design zeitgenössischer buddhistischer Mönchsroben« befassen und dazu ein Resteverwertungs-Essen veranstalten; es ist abgemacht, daß jeder Teilnehmer irgendein Gericht mit Seetang dazu beisteuert. Gegenstand unseres dritten Treffens wird dann das Dritte Wichtige Gebot sein (»Kein Mißbrauch von Sex«), und im Anschluß an die Diskussion soll ein Massage-Workshop stattfinden.

Es würde mich freuen, wenn die eine oder andere Idee Deinen Lesern von Nutzen sein könnte.

Samadhi-Single

Lieber Tofu Roshi,

vor einiger Zeit verliebte ich mich in einen Zen-Schüler, und daraus entwickelte sich eine wundervolle Beziehung. Wir studierten nicht nur die Sutras gemeinsam, sondern unternahmen miteinander auch allerlei vergnügliche körperliche Aktivitäten. Doch als der Augenblick kam, da wir erkennen mußten, daß wir aneinander hingen und daß diese Anhaftung Verblendung war, wußten wir, was zu tun war: Wir trennten uns.

Jetzt fühle ich mich so ruhig und friedvoll, da ich weiß, daß ich an der Auslöschung der Begehrlichkeit arbeite. Jedesmal, wenn ich an ihn denke und selbst nur ein kleines bißchen traurig werde, weiß ich, daß ich härter an mir arbeiten, mich eifriger bemühen muß. Und so möchte ich hier nur sagen, daß ich schön finde, was Du mit Deiner Briefkastenecke erreichst, das Leiden lindern und so.

Dazugelernt

Liebe Dazu,

Dank Dir dafür, daß Du uns Dein Erlebnis mitgeteilt hast. Ich hoffe, daß Dein Bericht auch anderen Lesern, die darum ringen, sich von der lähmenden Verblendung weltlicher Anhaftung zu befreien, Mut und Trost spenden wird.

Lieber Tofu Roshi,

ich praktiziere mit sehr großem Eifer Theravada-Meditation. Ich lebe mit meinem Freund zusammen, der überhaupt nicht meditiert. Er sagt, seine spirituelle Übung sei, sich im Fernsehen Sport anzugucken. Mein Problem ist, daß es mir schwerfällt, ihm gegenüber keine kritische Haltung einzunehmen. Wenn er nicht gerade vor der Glotze hängt, liest er den *Kicker* oder räsonniert halblaut über die Bundesliga, und ich meine einfach, daß er nicht an seinem höheren Selbst arbeitet. Andererseits akzeptiert er es voll und ganz, daß ich den spirituellen Pfad beschreite, und ermutigt mich immer wieder, ins Center zu gehen und zu meditieren. Da er also offensichtlich weniger Vorurteile hat als ich, bedeutet dies vielleicht, daß in Wirklichkeit *er* spirituoll weiter fortgeschritten ist.

Sollte ich die Meditation zugunsten des Fußballs aufgeben? Ich wollte meinen Freund schon wiederholt dazu überreden, daß er in unser Center kommt und wenigstens versucht zu meditieren, doch er meint, ich hätte abseitige Interessen.

Mattscheibensportlermädchen

Liebes Mädchen,

Du bist in dualistischem Denken, in irrigen Entweder/Oder-Kategorien befangen. Bitte Deinen Lehrer, ein Fernsehgerät in der Meditationshalle aufzustellen. Setze die Fans der Heimmannschaft auf die eine und die der Gäste auf die andere Seite des Raums. Die Sutras könnt ihr während der Werbespots rezitieren. Dein Center sollte auf die Bedürfnisse der Gemeinde eingehen. Außerdem könnten die zwei folgenden Briefe für Dich von Interesse sein.

Lieber Tofu Roshi,

mein Mann ist leider Buddhist. In letzter Zeit hat er sich im Meditationscenter eine Menge Pflichten aufgehalst und verbringt jetzt dort anscheinend jede freie Minute damit, Asche nach Räucherstäbchenstummeln zu sieben und Papierservietten in Hälften zu schneiden. Behauptet er wenigstens. Unser Hund kennt ihn kaum noch, und was mich angeht, möchte ich wetten, daß er nicht einmal mehr weiß, ob mein Bauchnabel nach innen oder nach außen geht. Wenn ich ihn aber behutsam daran erinnere, daß er wichtige Aspekte unseres Familienlebens sträflich vernachlässigt, schaut Sam mich so an, als hielte

102

er es nicht für möglich, wie unerleuchtet ich bin.

Ich möchte wirklich gerne wissen, was am Aschesieben so wichtig sein soll! Kann man wirklich nicht mal ein einziges, winzig kleines Räucherstäbchenstummelchen ein, zwei Tage lang drin lassen, ohne sich damit alle Chancen zu verbauen, sich je aus dem Kreislauf der Wiedergeburten zu befreien?

Sams Sarah

Liebe Sarah,

Aschesieben hat nicht die geringste Bedeutung. Ganz genau deswegen tun wir es. Versuche, Deinen Mann davon zu überzeugen, daß Euer Familienleben gleichfalls völlig bedeutungslos ist und daß es absolut nichts einbringt, mit dem Hund Gassi zu gehen oder die ehelichen Pflichten zu erfüllen. Sag ihm, daß mit dem Hund Gassi gehen Leere in der Form ist und mit Dir zu schlafen Form in der Leere. Das wird hoffentlich sein Interesse wecken.

Lieber Tofu Roshi,

das wird vielleicht ein sehr langer Brief, aber ich muß einfach jemandem mein Herz ausschütten. Als mein Mann pensioniert wurde, nahm ihn meine Schwiegertochter – sie ist ein sehr nettes Mädchen, aber ziemlich ausgeflippt, um ehrlich zu sein – mit zu einem dieser buddhistischen Häuser, wo alle einen glattrasierten Kopf haben und man einfach nicht weiß, ob jemand eine Frau ist oder ein Mann (beziehungsweise ein »Macker«, wie meine Schwiegertochter sagen würde). Sie meinte, er bräuchte ein neues Steckenpferd. Sein Kopf ist schon von sich aus so kahl wie eine Billardkugel – und in etwa genauso hart –, und so fühlte er sich dort vermutlich gleich zu Hause.

Ich hatte gar nicht gewußt, wie glücklich ich all die Jahre gewesen war, als er nach der Arbeit einfach seinen Hintern auf einer Hollywoodschaukel ausbreitete und sein Bierchen trank. Jetzt steht er jeden Morgen um vier auf, um ans andere Ende der Stadt zu fahren und auf einem kleinen schwarzen Kissen zu hocken, wo er es zu Hause doch viel gemütlicher haben könnte. Um genug Schlaf zu kriegen, muß er um acht, spätestens halb neun ins Bett.

Neulich kamen meine Kusine und ihr Mann geschäftlich in die Stadt, und so luden wir sie zum Abendessen ein. Ich war den ganzen Nachmittag mit den Vorbereitungen beschäftigt: Es sollte eine schöne Kasserolle, selbstgebackene Brötchen und ein Schokoladensoufflé geben. Wir erwarteten unsere Gäste eigentlich um halb sieben, aber das Wetter war miserabel, wir riefen am Flughafen an und erfuhren, daß sich ihr Flugzeug verspäten würde. Gegen Viertel vor acht sagt mein Bert:

»Millie, es ist möglich, daß die Leute überhaupt nicht mehr kommen. Ich denk, ich mach mich jetzt bettfertig. Sollten sie es heute abend doch noch schaffen, kann ich dann auf die Art ein bißchen länger aufbleiben und euch Gesellschaft leisten.«

Um acht klingelte es an der Tür. Unsere Gäste entschuldigten sich tausendmal für ihre Verspätung, und sie hatten uns sogar einen schönen Wein zum Essen mitgebracht. Bert kam an den Tisch in Pyjama und Bademantel – dem mit den Wappen der gesamten Baseball-Oberliga drauf.

»Bist du krank, Bert?« fragt meine Kusine Ginny.

»Nein«, sagt er ihr, »ich dachte nur, ich spare ein bißchen Zeit, wenn ich mich schon ausziehe.«

Wie ich die Kasserolle auf den Tisch stelle, sagt Bert:

»Unzählige Mühen trugen zu dieser Speise bei.« Wenn das seine Art ist, meine Kochkünste zu loben, kann ich wirklich darauf verzichten.

104

»Bert, Schatz, wie kannst du so etwas sagen?« rief ich aus. Dann zu Ginny und Jack gewandt: »Es ist wirklich nicht der Rede wert. Ein ganz einfaches Essen.«

Wie ich dann Bert bedienen will, sagt er:

»Für mich nicht, Liebling, ich hab mir schon die Zähne geputzt.« Es folgte ein betretenes Schweigen, das nur vom gelegentlichen Klirren einer Gabel und dem schnaubenden Geräusch von Berts Atmung unterbrochen wurde. Dann fingen Ginny und Jack an, uns von ihrer neuen Terrasse mit in den Boden eingelassenem Hot Tub zu erzählen.

»Wie oft müßt ihr das Wasser wechseln?« fragte ich, um die Konversation in Gang zu halten.

Genau in diesem Augenblick schob Bert seinen Stuhl zurück und machte eine komische kleine Verbeugung in Richtung Brötchen.

»Mögen wir rein bleiben wie ein Lotos in schlammigem Wasser«, sagte er dann und ging schlafen. Vom Hot Tub war danach nicht mehr die Rede.

Ich kann mich nicht mehr erinnern, worüber wir noch sprachen oder wie wir überhaupt den Rest des Abends herumkriegten, aber um es kurz zu machen: Ginny und Jack verabschiedeten sich, sobald wir das Schokoladensoufflé ein paar Runden auf unseren Tellern herumgeschoben hatten, und ich weinte die ganze Zeit wie ein Schloßhund, während ich die schmutzigen Teller in den Geschirrspüler räumte. Bert war früher zwar ein bißchen träge, doch ansonsten ein so rücksichtsvoller Mensch. Warum mußte der Buddhismus uns heimsuchen? Kannst Du mir helfen?

Millie

Liebe Millie,

ich wollte, ich wäre damals bei euch eingeladen gewesen! Deines Gatten Eifer ist irregeleitet. Ein Buddhist ißt, was ihm vorgesetzt wird, besonders, wenn es irgendwas mit Schokolade drin ist.

Die Zeit wird die etwas extreme Frömmigkeit Deines Gatten, die allen Neubekehrten eigen ist, mit ziemlicher Gewißheit mäßigen. Bis es soweit ist – und um seine Rückkehr zum Sosein des alltäglichen Lebens zu beschleunigen –, mache ihm nichts zu essen außer gesottenen Steckrüben, sitz auf seiner Hollywoodschaukel und kümmere Dich soweit wie möglich nicht um ihn. Wenn er Dich anspricht, leg einfach die Hände flach aneinander und verneige Dich leicht. Er wird die Dinge bald so sehen, wie sie sind.

Lieber Tofu Roshi,

ich würde gern mit meinem Mann sprechen, der vor fünf Jahren verstorben ist. Kannst Du mir sagen, wie man das macht? Geht es durch Meditation?

Witwe in Adrian, Michigan

Liebe Witwe,

ja, ich kann es Dir sagen. Es ist gar nicht schwierig. Bereite Dich vor, indem Du, allein, nach Einbruch der Dunkelheit, beim Licht einer einzigen Kerze in einem Zimmer meditierst. Wenn Du, nach etwa einer Stunde, einen Zustand der Ruhe und der Sammlung erreicht hast, atme dreimal tief durch, öffne den Mund (wenn er nicht schon offen ist) und sprich. Sprich langsam und deutlich und – wenn Dein Mann zur Zeit seines Ablebens schwerhörig gewesen sein sollte – laut. Habe aber keine Scheu, die ganze Inbrunst Deiner Seele in Deine Rede einfließen zu lassen. Ich könnte mir vorstellen, daß Du Dich viel besser fühlst, wenn Du mit Deinem Mann gesprochen hast; was meinst Du?

Wie Du ihn dazu bringen könntest, Dir zu antworten, wüßte ich Dir zwar nicht zu sagen; doch war in Deinem Brief davon ja ohnehin nicht die Rede.

Lieber Tofu Roshi,

meine Frau und ich gehören einer Vipassana-Meditationsgruppe an. Sowohl unsere Gemeinde als auch unsere Ehe werden – seit dem Tage, an dem eines unserer angesehensten Mitglieder ein Buch mit dem Titel »Keuschheit in der Ehe« ins Center brachte – von Meinungsverschiedenheiten bezüglich dieser neuen Lehre erschüttert. Unsere Lehrerin, die weder verheiratet ist, noch, meiner Ansicht nach, je mit entsprechenden Anträgen belästigt werden wird, scheint das für eine sehr erleuchtete Idee zu halten, und meine Frau ist ganz dafür, die Sache einmal auszuprobieren; ich halte das für den verrückten Einfall einer armen Frau, die sich einfach nicht traute, ihrem Mann zu sagen, daß es ihm nicht schaden würde, sich mal wieder zu waschen.

Was mich wirklich zur Weißglut bringt, ist die Tatsache, daß ich in einer sehr streng katholischen Familie aufgewachsen bin und vermutlich der letzte Mann in Amerika war, der bis zu seiner Hochzeitsnacht Jungfrau geblieben ist. Wie konnte ich nur so blöd sein? Ich habe meiner Frau gesagt, daß ich mich nie und nimmer für die Ehe »aufgespart« hätte, wenn ich gewußt hätte, daß wir einzig aus dem Grund heiraten würden, um unsere Keuschheit zu legalisieren.

Der Grund, warum ich Dir davon schreibe, ist, weil meine Frau meint, es ginge dabei um ihre spirituelle Entwicklung. Sie sagt, sie wolle es nur deshalb mit der Keuschheit versuchen, weil unsere sexuelle Beziehung für sie so befriedigend sei, aber ich glaube, sie will mir damit nur Brei ums Maul schmieren. Ich kann mir nicht vorstellen, daß man aus der Keuschheit mehr rausholen kann, als man reinsteckt – und das ist nicht gerade viel. Entschuldige die Frage, Tofu Roshi, aber bist Du keusch? Wenn ja, gefällt es Dir? Auch ich will mich spirituell weiterentwickeln, und deswegen übe ich mich in der meditativen Einsicht. Könnte mir »Keuschheit in der Ehe« tatsächlich eine größere geistige Potenz verleihen? Wenn ja, hätte ich gern gewußt, wie genau das vor sich geht.

Treuer Ehemann

Lieber Ehemann,

eine Ursache dafür, daß die Keuschheit sich keiner größeren Beliebtheit erfreut, als gegenwärtig der Fall, ist die Tatsache, daß sie als etwas Negatives betrachtet wird – also schlicht als die Abwesenheit sexueller Aktivität. Doch mit dem Buddha-Bewußtsein entfernen wir uns von solch dualistischem Denken. Keuschheit ist eine Aktivität in sich. Im tiefsten Sinne sind Keuschheit und sexuelle Aktivität ein und dasselbe – mit dem einen Unterschied, daß die meisten Menschen Keuschheit häufiger und jeweils länger ausüben können.

Deine letzte Frage – »wie?« – trifft direkt den Kern der Sache. Es gibt viele nützliche Lehrbücher über Sex, aber was wir jetzt brauchen, wären ein paar gute Lehrbücher über die Keuschheit – Bücher, die ohne alles Moralisieren die Grundbegriffe bestimmter konkreter Techniken und Übungen vermitteln –, an die sich Eheleute oder liebende Paare halten könnten. Doch die Ausarbeitung der entsprechenden Technologie möchte ich lieber den Psychologen überlassen.

*»Ich bin immer mit mehreren Menschen auf einmal
keusch gewesen.«*

Was die Keuschheit in der Ehe anbelangt, vergiß nicht, daß – ebenso wie der Sex – auch die Keuschheit viel befriedigender ist, wenn man sie gemeinsam mit einem anderen Menschen praktiziert. Jedesmal, wenn Du anfangst, Dich abgelehnt zu fühlen, mußt Du Dir ins Gedächtnis zurückrufen, daß Deine Frau *mit Dir* keusch sein möchte.

Ja, ich bin keusch, und ich ziehe daraus einen beträchtlichen Genuß. Doch ich könnte meine Keuschheit jederzeit aufgeben, und täte es auch, sobald ich merkte, daß ich beginne, allzusehr an ihr zu hängen. Im Gegensatz zu Dir habe ich nie die Gelegenheit gehabt, Keuschheit in der Ehe zu üben. Ich bin vielmehr immer mit mehreren Menschen auf einmal keusch gewesen.

Ich glaube, Du wirst entdecken, daß Keuschheit spirituell lohnend ist – ein guter Weg, um die Grenzen der eigenen Persönlichkeit zu erkunden, um sein Leben mit wachem Bewußtsein zu erfahren, anstatt in einer unreflektierten Gewohnheit steckenzubleiben. Ich würde Dir empfehlen, es ein, zwei Tage lang damit zu versuchen und dann die ganze Sache neu zu überdenken.

6. Familienleben – der Weg des Haushälters

*»Kann ein Mensch in vollem Lotos seine Rolle
als Ehemann und Vater erfüllen?«*

Mit schwerem Herzen und einem neuen Paar Birkenstock-Clogs folgte ich dem von Giftefeuflechten verhangenen Waldpfad bis hin zu Mercys Hütte, wo ich mein einmonatiges Retreat fernab von der sich das Maul zerreißenden und den Kopf rasierenden Welt zu verbringen gedachte. Was meine Clogs betraf, war ich guten Mutes: Hier würde sie bestimmt niemand stehlen. Und doch war mein Herz schwer, weil ich mir Gedanken darüber machte, was im Kein-Weg wohl gerade passierte, und weil ich wußte, ich würde mich einer langen und strengen Gewissensprüfung unterziehen müssen: Ich mußte die Beschaffenheit meiner Zuneigung, meines Hängens an meinem Lehrer, ja am Buddhismus selbst, wieder einmal, auf einer tieferen Ebene, kritisch überdenken. Die Tür der kleinen Hütte vor mir stand offen, und klopfenden Herzens durchschritt ich das torlose Tor.

»Ist da jemand?« rief ich in die Leere hinein.

»Ja, du alter Reissack!« antwortete ich mir. »Ichi Su ist da.«

»Und wer ist überhaupt diese Ichi Su?« fragte ich grob, da ich es nicht mag, wenn man mich »Reissack« nennt.

»Du wirst es schon noch rauskriegen, wenn es dich wirklich interessiert«, sagte ich seufzend.

Um den spirituellen Weg verfolgen zu können, war es früher in Indien, China und Japan für den Suchenden unerläßlich, daß er in ein Kloster eintrat oder sich in eine entlegenen Gebirgs- oder Waldeinsiedelei zurückzog. Nur einige wenige reiche Kaiser –

die es sich leisten konnten, Privatlehrer für sich zu engagieren und lange Ferien zu machen, und die sich nicht mit den Niederungen der Kindererziehung abzugeben brauchten – waren imstande, die Weisheit zu pflegen, ohne das Leben des Haushälters aufgeben zu müssen. Einer der vielen Gründe, weswegen Frauen zu allen historischen Zeiten von einer uneingeschränkten Ausübung institutionalisierter religiöser Praktiken ausgeschlossen gewesen sind, war ja eben die Tatsache, daß sie so eng an Haus und Familie gebunden waren. In der ganzen Geschichte des Buddhismus etwa können wir Berichte und Erzählungen, die von Nonnen handeln, praktisch an einer Hand abzählen. Doch in den Vereinigten Staaten bemühen wir uns heutzutage darum, die Möglichkeiten der »Laienpraxis«, wie wir sie nennen, voll auszuschöpfen. Wenn der Buddhismus Erfolg haben soll, muß er Menschen mit Beruf und Familie ansprechen. Und deshalb befassen wir uns in diesem Kapitel mit einigen Aspekten der Frage, wie man spirituelles Streben in das normale, alltägliche Leben integrieren kann.

Meine eigene Situation war ganz untypisch. Die wenigsten Menschen können es sich schließlich leisten, ihren Job aufzugeben, in ein Zen-Center zu ziehen und sich den Kopf zu rasieren. Und es ist auch nicht vielen vergönnt, sich einen Monat lang allein in eine Gebirgseinsiedelei zurückzuziehen. Paradoxerweise gelangte ich ausgerechnet während meines einsamen Aufenthalts in der Wildnis zu einem ganz neuen Verständnis der Bedeutsamkeit und des Wertes des alltäglichen Lebens in der normalen Welt.

Doch meine erste Sorge war, mit meinen Gefühlen für Tofu Roshi ins reine zu kommen, um bei meiner Rückkehr ins Kein-Weg zu wissen, was mein nächster Schritt sein würde. Ich wollte mich vollkommen der Wahrheit öffnen – ob sie darin bestehen würde, daß ich weiterhin als Priesterin im Kein-Weg-Zen-Center

112

bleiben und mich dem Sangha als Aufseherin des Schuhregals zur Verfügung stellen sollte, oder aber, daß ich dem Zen ganz und gar entsagen, wieder auf die Uni gehen und – wie es jede normale junge Frau in meiner Lage getan haben würde – einen Abschluß in Beratungspsychologie machen sollte.

Ich verbrachte die meiste Zeit in Meditation. Anfangs saß ich Zazen: das heißt, »ich« versuchte »meiner« Atmung zu folgen und dabei mit der Frage »Wer ist das?« beziehungsweise »Wer fragt ›Wer ist das?‹?« in Reglosigkeit zu verharren. Doch ein böser Fall von Giftefeu machte Reglosigkeit schwierig, wenn nicht gar unmöglich, und selbst wenn ich bis zur Frage »Wer fragt ›Wer fragt »Wer ist das?«?‹?« vordrang, kam ich nicht über die einfache Antwort »Ichi Su« hinaus. Und so hörte ich mit Zazen auf und konzentrierte mich direkt auf meine persönlichen Anliegen. Ich dachte über Tofu Roshi und mich nach und darüber, wie es sich anfühlte, wenn er mir den Kopf rasierte, und darüber, wie es sich anfühlte, wenn ich ihm die Schuhe zuband. Ich wartete auf die Wahrheit. Und wenn »das« juckte, kratzte »ich«; und umgekehrt.

Die Zeit meines Retreats fiel in den Frühsommer, und so wurde es mir bald zur Gewohnheit, in einem verspielten Bach, der sich in einem stillen Gumpen nahe der Hütte ein wenig von seinen Purzelbäumen ausruhte, ehe er seinen lustigen holpernden Weg zum Bel River fortsetzte, Zuflucht vor Hitze und Jucken zu suchen. Ich hatte dies Plätzchen ganz für »mich« allein – wenigstens, was andere Menschen anbelangte.

Mein Rückzug von der Welt währte schon drei Wochen, als sich einige äußerst *merkwürdige* Vorfälle ereigneten – oder zu ereignen schienen. Während dieser ganzen Zeit hatte ich keine Menschenseele gesehen oder gesprochen, außer Ichi Su (wer auch immer *die* sein mochte). Eines knusprig heißen Mittags – nach einer harten Kratzmeditation, der ich mich seit dem frühen

Morgen gewidmet hatte – legte ich meine Robe an, die ich mitgenommen hatte, weil sie so ein bequemes und vielseitiges Kleidungsstück war. Ich nahm eine hübsche kleine Schüssel von der Hütte, um Brombeeren darin zu sammeln, und machte mich auf, meinem Freund Flüßchen einen Besuch abzustatten.

Meine Badestelle war mit einem kleinen Strand versehen, und direkt neben dem Strand bachaufwärts hing vom überhängenden Ast einer Pyramidenpappel ein Knotenseil über dem Wasser. Ich zog meine Robe aus, faltete sie ordentlich und legte sie auf einen Felsblock am Rande des Wassers. Mein Evaskostüm übernahm nun die Rolle eines Badeanzugs. Ich hatte für mein Retreat nur ganz wenig eingepackt, hatte aber doch beschlossen, außer meiner Robe auch noch mein Evaskostüm mitzunehmen, weil es sogar noch vielseitiger als die Robe und fast ebenso bequem war. Ich setzte die Schüssel auf die Robe, damit sie nicht weggeweht würde, langte nach dem Seil, erklomm das moosige Steilufer, setzte mich auf den Knoten und schwang mich hoch hinaus über das Wasser. Am höchsten Ausschlagpunkt des Pendels, genau über der tiefsten Stelle der Gumpe, hörte ich mich im Augenblick des Loslassens »Wersdaaas!« brüllen. Das lose Seilende schlenkerte träge zur Uferböschung zurück, während ich wie eine Wolke vollkommen reglos über dem Wasser zu schweben schien und meine dunstschwadenden Arme und Beine sich in alle vier Himmelsrichtungen reckten. Dann fühlte ich mich mit einem Mal eher wie ein Apfel als wie eine Wolke, gab mich folgerichtig der Schwerkraft hin, und mein Körper (achtundneunzigprozentiges Wasser) vereinigte sich mit dem Wasser des Flüßchens. Wie ein Kind kletterte ich immer und immer wieder das Ufer hinauf und schwang mich vom Seil, nacheinander wie eine Wolke, wie ein Apfel, wie ein Fisch und schließlich wieder wie ein Kind. »Wer schaukelt? Wer springt? Wer fällt? Wer schwimmt?«

114

Mir wurde langsam schwindelig. Als ich zum einundzigsten Male wieder an die Oberfläche des Flüßchens poppte, gewahrte ich eine Gestalt, eine menschliche Gestalt, die sich dem Ufer näherte. Sie ging bis ans Wasser heran. Schlagartig erkannte ich die lange, dünne Silhouette von Shusansaki!

»Grüßgott, Dharma-Bruder!« rief ich. Warum war er gekommen, und wie hatte er mich ausfindig gemacht? »Komm schon rein – das Wasser ist herrlich.« Er reagierte nicht.

»Stimmt was nicht?« brüllte ich, aber er schien mich nicht zu hören, ja, sah nicht mal in meine Richtung.

»He, Shusansaki – ich bin's, Ichi Su. Ich verzeihe dir. Verzeihst du mir?« Doch ich hätte ebensogut auf das genaue Gegenteil eines Lebewesens einreden können, wenn man von der Wirkung ausging, die ich erzielte. Nun ja, vielleicht gab er vor, mich nicht zu sehen, um mich – in meiner Nacktheit – nicht in Verlegenheit zu bringen. Das war bei ihm gar nicht auszuschließen, verklemmt wie er war.

»He, Shusansaki! Sei nicht verlegen. Ich bin nicht *ganz* nackt, weißt du? Ich hab mein Evaskostüm an!«

Ich schrie umsonst. Mit demonstrativer Gelassenheit hob Shusansaki meine Robe und Schüssel vom Felsen auf und wandte sich ab. Ich sah ein paar Pflaster an seinem Hinterkopf. Er mußte sich beim Rasieren geschnitten haben. Dann stülpte er die Schüssel um, setzte sie sich auf den Kopf und verschwand unter den Bäumen.

Ich rannte den Hang hinauf in Richtung Hütte, mit nichts an außer meinem nassen Evaskostüm und den Clogs. Meine Haut, noch prickelnd von der Frische des Flusses, spürte jetzt die Berührung des gesprenkelten Schattens der Eichen und Erdbeerbäume. Plötzlich wußte ich: So gekleidet, wie ich war, in laubüberschatteter Haut und Birkenstocks, trug ich bereits Buddhas Robe – etwas weit jenseits von Form und Leere. Alle Geschöpfe der Natur, alle beseelten Wesen sind – selbst, wenn sie nur ihre Sandalen anhaben – als Priester gekleidet. Durch die Entwendung meiner Robe, die überhaupt keine Robe war, hatte mir Shusansaki diese Lektion erteilt. Ich hoffte, ihn bei der Hütte einzuholen, um ihm zu danken und möglicherweise meine Nichtrobe zurückzubekommen; doch als ich da ankam, sah ich nicht Shusansaki auf der Veranda, sondern einen Hilfssheriff von Mendocino County, der es sich auf dem Schaukelstuhl bequem gemacht hatte. Er zeigte mir seinen Stern und stellte sich als Benjamin Ross vor. »Aber alle nennen mich ›Beany‹.« Er starrte mich unverhohlen an – schließlich war mein Haar immer noch auffallend kurz –, während er mir den Grund seiner Anwesenheit mitteilte: Die Polizei hatte einen Tip erhalten, auf dem Gelände werde Marihuana angebaut.

»Wir sind heute morgen in Ukiah angerufen worden – das ist ›Haiku‹ von hinten.« Sein Gaffen brachte mich in Verlegenheit, und ich setzte mir hastig einen Hut auf.

»Falls Sie gerade versuchen, sich auszurechnen, ob ich ein Mann oder eine Frau bin«, sagte ich, »wär's mir lieber, Sie hören damit auf. Es ist keine besonders wichtige Unterscheidung.« Ich zitierte meinen Lehrer: »Kennst du ein Geschlecht, kennst du alle.«

Ich versicherte ihm, daß auf dem Grundstück kein Marihuana angebaut wurde, und meldete dann den Diebstahl meiner Robe und Schüssel. Hatte er nicht zufällig einen großen, schlanken Mann mit rasiertem Kopf gesehen?

»Ich meine nicht mich«, fügte ich noch hinzu, falls meine Glatze ihn zu dem Schluß verleitet hatte, *ich* sei ein Mann.

Er schüttelte den Kopf. »Einen Mann in diesen Bergen zu suchen ist so, als versuchte man, den Mond in die Pfanne zu hauen«, sagte er, ließ sich aber dennoch alle Einzelheiten für den Polizeibericht geben. Als wir zum Wort »Brombeere«

116

kamen, stöhnte er entnervt, riß den Zettel aus, auf dem er herumgekritzelt hatte, und reichte mir Notizblock und Stift.

»Meine ottographischen Kenntnisse würden nicht mal für einen Hundeschulabschluß reichen«, sagte er errötend. »Warum schreiben Sie das nicht selbst auf, daß auch alles stimmt?«

Als ich ihm erklärte, daß es sich bei der Robe um eine ganz besondere buddhistische Priesterrobe handelte, die ich mir selbst genäht hatte, horchte er auf.

»Himmel, Arsch und Zwirn!« rief er aus. »Das bedeutet ja, daß Sie mich unter die Haube oder unter die Erde bringen könnten, stimmt's? Warten Sie mal ab, bis ich den Jungs aufm Revier erzähle, daß ich eine Anzeige wegen Raub von einer nackten buddhistischen Fraupastor aufgenommen hab!«

Wir saßen herum und plauderten ein Weilchen. Es tat gut, wieder mit einem Angehörigen meiner Gattung zu reden. Er schien es selbst kein bißchen eilig zu haben, doch er hörte nicht auf zu glotzen und bewegte dabei die Augen ständig von einer Brust zur anderen, so, als schaute er einem Tennisturnier zu. Ich erklärte, daß ich nichts zwischen Hut und Schuhen anzuziehen hätte. Er zog sein Hemd aus und gab es mir, nachdem er den Stern entfernt und an ein süßes Unterhemdchen gepinnt hatte, das darunter zum Vorschein gekommen war. Dank seiner langen Hemdenschöße war ich nun züchtig bedeckt.

Er war ein freundlicher, unaufdringlicher Typ, auch wenn er Hilfssheriff war.

»Ich hab viel Zeit zum Nachdenken«, sagte er, »während ich allein diese Straßen lang fahre, und da ist eine Sache, an der ich mir schon die ganze Zeit den Kopf zerbreche. Vielleicht wissen Sie was darüber, wo Sie doch eine Priesterin sind und so.«

»Was ist es denn?« fragte ich ermunternd.

»Das ist es!« rief er aus. »Was *ist* es? Wissen Sie, was ich meine? Was ist *es*?«

Er schien sich zu freuen, als ich ihm sagte, daß sich die Zen-Mönche seit Jahrhunderten mit eben dieser Frage herumschlugen.

»Ich kann's kaum erwarten, den Leuten im Zen-Center zu erzählen, daß ich im Wald einen Hilfssheriff getroffen habe, der wissen wollte, was *es* ist!« sagte ich. Aber ich konnte ihm die bittere Wahrheit, soweit ich sie verstand, nicht vorenthalten: daß dies eine Frage war, die kein anderer für ihn beantworten konnte.

»Irgendwie hatt ich mir das schon gedacht«, pflichtete er mir bei.

»Nun, Beany, kann ich Ihnen eine Tasse Tee anbieten?« fragte ich, weil ich nicht wollte, daß er schon ging.

»Zu heiß für Tee«, sagte er und nahm den Hut ab, um sich damit ein bißchen Luft zuzufächeln. »Ich sollt jetzt wohl 'n Abgang machen. Sie können das Hemd ruhig behalten – nur laufen Sie damit nicht in der Stadt rum, sonst könnt ich Ärger kriegen.«

Als er aufstand, fiel mir auf, daß seine Schuhe offen waren; ich machte ihn darauf aufmerksam und unterdrückte meinen Impuls, mich hinzuknien und sie ihm selbst zuzubinden.

»Ich weiß«, erwiderte er. »So bleiben meine Füße kühler. Ich werd die Augen offenhalten, wegen Ihrer Robe und Ihrer Schüssel, und Sie halten Ausschau nach Marihuanapflanzen. Ich schau in ein paar Tagen wieder bei Ihnen vorbei, und in der Zwischenzeit laufen Sie nicht in Ihrem Evaskostüm durch den Wald, besonders jetzt, mit einem Robendieb auf freiem Fuß. Bis dann, Priesterin.«

»Tschüs, Beany.«

Er schlurfte mit schlackernden Schuhen den Hang hinauf zur Straße. Ich spitzte die Ohren nach dem Geräusch seines Autos, aber ich hörte nichts. Ich ging selbst zur Straße hoch, um zu sehen, ob er vielleicht eine Panne hatte. Er war nirgends zu sehen.

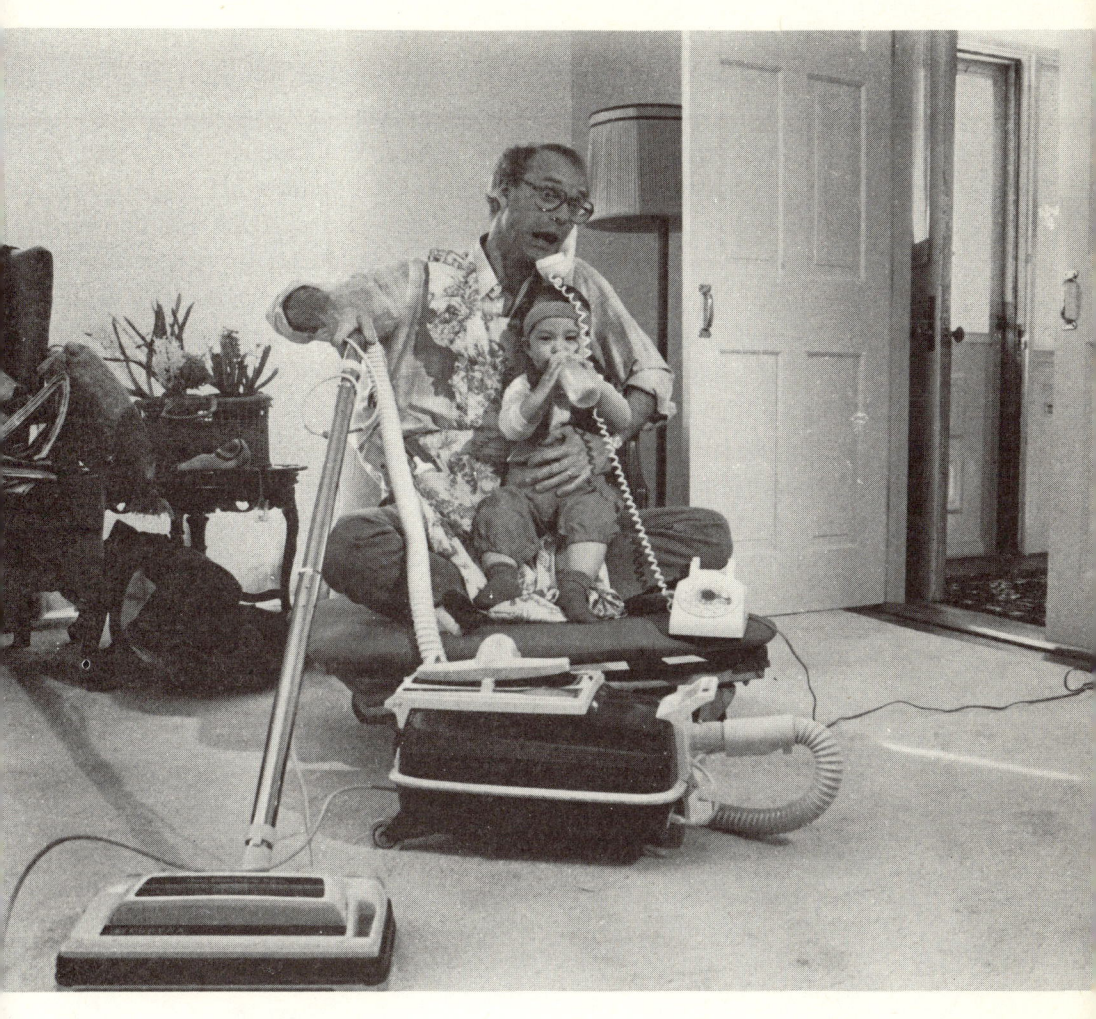

»Kann ein Mensch in vollem Lotos seine Rolle
als Ehemann und Vater erfüllen?«

Lieber Tofu Roshi,

mein Leben ist völlig verkorkst. Als ich vor ein paar Jahren anfing zu meditieren, hatte ich ziemliche Probleme mit meinen Knien. Im Lotos zu sitzen war eine absolute Qual. Doch ich gab nicht auf. Ich bin sehr willensstark und ausdauernd, wenn ich die Zeit und Neigung dazu habe. Schließlich war ich imstande, zwölf Stunden am Tag in vollem Lotos zu sitzen, ohne Beschwerden, und dann vierundzwanzig Stunden am Tag! Unglücklicherweise ist es mir seit damals nicht mehr gelungen, die Beine auszustrecken. Seit drei Monaten laufe ich nur noch auf Ellbogen und Knien herum. Wenn meine Tochter in der Schule ist, trage ich die Knie- und Ellbogenschoner, die sie sonst zum Skateboardfahren braucht. Aber jetzt fangen sie und meine Frau an, über mich zu lachen, und drohen, mir Halsband und Leine zu kaufen. Außerdem ist es in der Stellung schwierig, Essen zu kochen. Was soll ich tun? Glaubst Du, daß ein Mensch in vollem Lotos seine Rolle als Ehemann und Vater erfüllen kann?

Lotos

Lieber Lotos,

Du könntest Deinem Holzkohlengrill die Beine absägen und versuchen, auf dem Fußboden zu kochen. Ich glaube, Du kannst in jeder beliebigen Stellung der Vater Deiner Tochter sein, und was Deine Rolle als guter Gatte angeht, so bietet sich Dir eine gute Gelegenheit, absolutes eheliches Neuland zu erforschen.

Lieber Tofu Roshi,

bitte hilf mir. Ich glaube, Mam und Paps werden auf Deine Meinung hören. Ich bin eine Dreizehnjährige mit einem Problem. Meine Leute sind Vajrayana-Buddhisten, und bis vor einem Jahr haben wir in einer großen buddhistischen Kom-

120

mune gewohnt. Ich konnte schon die Hände falten und mich verneigen, bevor ich sprechen oder laufen konnte. Die anderen Kinder und ich sind immer heimlich in die Meditationshalle gegangen und haben uns aus den Sitzpolstern Höhlen gebaut. Ich dachte damals, alle runden Sachen hießen Mandala – Spiegeleier, Autoreifen, Mamas Dinger. Wir Kinder hatten alle lauter Namen wie Chakreshvara und Hanuman. Meiner gefiel mir am besten, weil er der allerlängste war: Avalokiteshvara.

Vor kurzem mußten wir wegen Papsens Job in einen Vorort von Cleveland umziehen, und jetzt besuche ich die örtliche Highschool. Niemand in der Klasse hat je was von einem Mantra gehört, und niemand kann meinen Namen aussprechen, nicht mal meine Klassenlehrerin. Sie meint, das menschliche Gehirn ist nicht dafür geschaffen, sich siebensilbige Namen zu merken. Jetzt möchte ich meinen Namen ändern und statt dessen Kitty heißen, damit ich mir nicht mehr so bescheuert vorkommen muß, aber meine Eltern sind beim Gedanken total ausgerastet. Sie meinen, ich bräuchte mich meines Erbes wirklich nicht zu schämen. Sie rufen mich immer bei meinem vollständigen Namen, auch wenn sie, bis sie ihn fertig ausgesprochen haben, meistens nicht mehr wissen, was sie mir eigentlich sagen wollten, das ich tun soll, oder aber ich es schon erledigt habe, während sie noch am Namenaussprechen waren, zum Beispiel mein Zimmer aufräumen. Ich hab Mam mal gefragt, wie sie sich in der Schule in ihrem Heimatkaff vorgekommen wär, wenn sie Avalokiteshvara statt Bootsie geheißen hätte. Sie sagte, wenn sie damals gewußt hätte, daß es den Namen Avalokiteshvara gibt, hätte sie ihn sich ganz bestimmt zulegen wollen. Sie hatte versucht, ihren Namen in Iphigenie umzuändern, was der exotischste Mädchenname war, den sie bis dahin gehört hatte, aber außer ihrer besten Freundin hatten sie trotzdem alle weiter Bootsie genannt. Ich hätt' mir die Frage gleich sparen können, wo ich doch weiß, was für eine Spinnerin sie ist. Inzwischen ist sie wahrscheinlich doch ganz zufrieden, weil, bevor ich geboren wurde, hat Rinpoche ihr den Namen Ramalakirti gegeben. Aber Opa und Oma nennen sie immer noch Bootsie.

Ein anderes Problem ist, daß ich mich nicht traue, irgendwen einzuladen, weil meine Eltern immer noch an ihren hunderttausend Niederwerfungen arbeiten und sie gewöhnlich gerade dabei sind, wenn ich von der Schule nach Hause komm. Ich würd mich zu Tode schämen, wenn das jemand sähe. Und selbst, wenn wir durch die Hintertür reingingen, könnte man sie immer noch hören, wie sie immer wieder auf den Boden scheppern; und der Fußboden quietscht jedesmal, und Papsens Knie machen so ein komisches Knackgeräusch, wenn er wieder aufsteht. Schepper; quietsch, knack, schepper, quietsch, knack. Warum können mich meine Eltern nicht ganz normal in Verlegenheit bringen, zum Beispiel mit dem Bett knarren, wenn sie Du weißt schon was machen! Aber wahrscheinlich machen die es nie; sie müssen ihre ganze Freizeit mit Verbeugen verbringen.

Du darfst nicht meinen, daß ich meine Eltern nicht liebe oder sonstwas, denn ich tu's, auch wenn ich manchmal Zoff mit meiner Mutter hab. Zum Beispiel fand ich es früher immer ganz toll, wenn ich die Messingfigur von Manjushri polieren durfte, die auf dem Altar steht, und jetzt will ich den ganzen Kram überhaupt nicht mehr machen. »Warum willst du das nicht mehr tun, Avalokiteshvaraliebes?« hat Mam gefragt. »Da steh ich einfach nicht mehr drauf«, hab ich gesagt, und Mam hat angefangen zu heulen. Sie sind vermutlich zu progressiv oder alternativ für mich – ich bin eben nicht so.

Was soll ich tun? Glaubst, ich kann meine Eltern irgendwie dazu bringen, daß sie sich normaler verhalten?

Kitty

122

Liebe Kitty,

Du bist in einer schwierigen Situation, aber Du darfst nicht vergessen, daß Deine Eltern sich mit aller Kraft bemühen, ihr Glaubenssystem in einer fremden Umgebung intakt zu halten; und das ist wahrscheinlich auch der Grund, weswegen sie etwas übertrieben reagieren, wenn sogar ihre eigene Tochter sich weigert, sie weiter bei der Ausübung ihrer religiösen Praxis zu unterstützen.

Ich möchte ernstlich bezweifeln, daß es je eine Dreizehnjährige gegeben hat (und das gilt genauso für Jungen), die nicht schon das eine oder andere Mal von ihren Eltern in Verlegenheit gebracht worden wäre. Nur daß sich die meisten jungen Leute wohl eher deswegen ihrer Eltern schämen, weil sie zu normal und bieder sind. Vielleicht kannst Du aus der Not eine Tugend machen. Sei einfach ganz direkt. Frag eine Freundin: »Hast du Lust, dir heute nachmittag meine Eltern anzusehen, wie sie sich auf den Bauch werfen?«

Jetzt beginnt für Dich eine schwierige Phase in Deiner Beziehung zu Deinen Eltern, aber halt die Verbindung zu ihnen aufrecht, bleibt im Gespräch; und wenn sie erstmal ein paar Jahre älter sind, werden sie lernen, Dich so zu nehmen, wie Du bist.

Lieber Tofu Roshi,

ich bin eine vollbeschäftigte Mutter mit zwei Kindern und arbeite außerdem halbtags für meinen Mann. Hauptsächlich habe ich Konkurse anzumelden (mein Mann ist Anwalt). Wie Du Dir vorstellen kannst, ist unser Familienleben außerdem mit Grillpartys, Ballettstunden, Verwandtenbesuchen, Elternabenden und ähnlichen Aktivitäten vollgestopft. Eine weitere Sache ist, daß unser Hündchen gegen ein fahrendes Auto gerannt ist und sich eine Beckenfraktur zugezogen hat, und ich muß dauernd aufpassen, daß es nicht aufsteht und durch die Gegend läuft. Viel Zeit bleibt mir da nicht übrig.

Jeden Abend nach dem Essen spielt mein Mann Banjo, um sich zu entspannen. Ich habe wiederholt versucht zu meditieren, während er sich entspannt, aber irgendwie gelingt es mir nicht so recht, mich bei »Oh Susanna« auf meinen Atem zu konzentrieren. Die einzige Zeit, die mir also für die Meditation bleibt, ist, wenn er sich hingelegt hat. Wenn ich schließlich auch ins Bett komme, so richtig ruhig und zentriert, schläft er schon tief und fest. Seit Monaten haben wir nicht einmal Zeit gehabt, ein wenig miteinander zu plaudern, und unsere Ehe geht in die Brüche. Soll ich die Meditation oder meine Ehe aufgeben?

Abbie d'Armand

Liebe Abbie,

Du solltest keine Zeit verlieren und mit Deinem Mann einen qualifizierten buddhistischen Eheberater aufsuchen – einen, der Dir hilft, Dein dualistisches Denken aufzugeben und eine Möglichkeit zu finden, die Meditation in Dein Eheleben zu integrieren. Der Weg des Haushälters ist ein altehrwürdiger, traditionsreicher Weg. Da einige meiner Schüler dasselbe Problem haben, habe ich für sie nach anderen Formen der Meditation – als vierzig Minuten am Stück auf einem Kissen zu sitzen – gesucht. Einige dieser Methoden praktizieren wir bereits in unserem Zen-Center, und ich möchte auch Dir ein paar entsprechende Vorschläge unterbreiten. Wenn Du Deine Tochter zur Ballettstunde fährst und an eine rote Ampel kommst, schalte in den Leerlauf, setze den Fuß auf die Bremse, schließe die Augen und lege die Fingerspitzen sanft auf das Lenkrad, in die Autofahrermudra. Atme fünfmal tief durch und öffne dann die Augen, um zu sehen, ob die Ampel auf Grün geschaltet hat.

124

Durch die Beckenfraktur Deines Hündchens lädt Dich Samantabhadra, der Bodhisattva der Weisheit der Wesensgleichheit, dazu ein, Dich neben ihm – Deinem Hündchen – auf dem Küchenfußboden einzurollen, mit ihm zu atmen und auf Dein Einssein mit allen Lebewesen zu meditieren.

Suche nach weiteren Möglichkeiten, Deine spirituelle Übung und Dein Eheleben zu integrieren. Rezitiere die Sutras, während Du die Schaschlikspießchen vorbereitest, und bringe dem Gerichtsbeamten Weihrauch dar, wenn Du einen Konkurs anmeldest. Es ist ganz gewiß weder meine Aufgabe noch mein Wunsch, Ehepaare mit der scharfen Schneide des Zazen zu trennen.

Lieber Tofu Roshi,

mein Bruder und ich haben es satt. Mama ist auf dem Gesundheitstrip; sie versucht dauernd, uns dazu zu bringen, daß wir Tofu essen. Sie tut das Zeug überall rein und glaubt wohl, wir halten das für Huhn. Aber wir wissen, daß Hühner keine würfelförmige Brust haben. Du bist der einzige, der vielleicht weiß, was wir tun sollen. Wir essen nur normale Sachen.

Teddy

Lieber Teddy,

ich bin kein Experte auf diesem Gebiet, aber ich muß ein offensichtliches Mißverständnis Deinerseits aufklären: Tofus haben auch keine würfelförmige Brust.

Auf jeden Fall kommt mein Familienname nicht vom Essen, sondern von einem Berg in Japan, wo der Wind in den Wipfeln flüstert: »Tofu! Tofu! Tofus Esel, das bist du.«

Wir essen, was uns vorgesetzt wird; kein Mögen, kein Nichtmögen. Wenn der Nikolaus Dir ein Rosenköhlchen in den Stiefel legt, nimm es freudig entgegen.

Lieber Tofu Roshi,

wir haben einen wundervollen Sohn, der jetzt auswärts studiert. Er ist schon immer ein guter Junge gewesen, hat regelmäßig Zeitungen ausgetragen und all so Sachen. Er war gerade wieder auf einen kurzen Besuch bei uns, und irgend etwas an ihm war auf einmal anders. Man konnte seinen Augen ablesen, daß er mit dem Kopf ganz woanders war, und ich meine gehört zu haben, daß er zu seinem weichgekochten Ei sprach, bevor er es aufschlug. Mein Mann sagte zu mir: »Mutter, unser Junge nimmt Drogen.« Also holten wir uns die Broschüre *Wie erkenne ich, ob mein Kind Drogen nimmt?*. Aber da stand nichts von Eiern drin. Ich persönlich glaube allmählich, daß er meditiert – wenn wir grad nicht hinsehen, meine ich. Wie erkenne ich, ob mein Sohn meditiert? Manchmal atmet er laut.

Mutter in Occidental

Liebe Mutter,

lautes Atmen in Verbindung mit dem Zwischenfall mit dem Ei könnte etwas zu bedeuten haben. Zähle seine Atemzüge und stelle fest, ob er – wie ich es in meinen Lehrreden empfehle – ebensooft ein- wie ausatmet. (Wenn ja, könnte er einer meiner Schüler sein!)

Hier noch ein paar Anhaltspunkte, auf die Du achten kannst.

Ißt er mit einer zum Wahnsinn treibenden Langsamkeit und kaut er dabei jeden Bissen so, als wollte er die Zeit zum völligen Stillstand bringen? Hat er neuerdings einen eigenartigen, irgendwie gedankenverlorenen Gang, so, als ob seine Füße am

Boden festklebten? Verbeugt er sich vor leblosen Gegenständen? Läßt er die Schuhe vor seiner Schlafzimmertür stehen? Hat er Sie gebeten, es ebenso zu tun? Anders als der Drogen konsumierende neigt der meditierende Jugendliche dazu, seinen Eltern gewisse Veränderungen in ihrer Lebensweise nahezulegen – etwa auf dem Fußboden zu sitzen oder mit Stäbchen zu essen, oder sogar beides gleichzeitig zu tun.

Halte auch Ausschau nach typischen materiellen Begleiterscheinungen, wie sie im Hause eines Meditierenden aufzutauchen pflegen. Einmal, natürlich, Räucherstäbchen. Ebenso Blumen auf dem Klosettdeckel und runde, feste Kissen von etwa vierzig Zentimetern Durchmesser.

Weiterhin können unterschiedliche Symptome auf jeweils unterschiedliche meditative Praktiken hindeuten. Wenn der Kranke sich wiederholt bäuchlings auf den Boden legt und dann wieder aufsteht, dann ist er wahrscheinlich auf dem tibetischen Trip. Eine plötzliche Neigung zum Umarmen von Eltern und zu schweigenden Langzeit-Blickkontakten könnte auf eine der vielen Unterarten christlicher Kontemplation hindeuten; vielleicht aber auch auf eine (relativ unschädliche) Gruppentherapie. Wenn Dein Kind ein symmetriebezügliches Wahnverhalten an den Tag legt, seine Papierserviette säuberlich faltet und allerlei Gegenstände – Besteck, Bleistifte, Zahnstocher – rechtwinklig oder parallel zueinander anordnet, dann treibt er wahrscheinlich Zen-Meditation.

Deinem Brief kann ich nicht entnehmen, ob in Eurem Fall ein Grund zur Sorge besteht. Ihr könntet Euch auf alle Fälle an Eure örtliche Beratungsstelle für Eltern von Meditierenden wenden. Zusätzlich könnt ihr meine Broschüre »Wie erkenne ich, ob mein Kind meditiert« bestellen, worin die knappen Hinweise, die ich Dir in diesem Rahmen nur geben konnte, erschöpfend ausgeführt werden.

Lieber Tofu Roshi,

wenn alles, was wir tun, Teil unserer spirituellen Übung ist, warum muß ich dann Klavier üben?

Laura Jean

Liebe Laura Jean,

wir alle brauchen zu unserer Entwicklung die eine oder andere Form von Disziplin. Es heißt, daß sogar Bodhidharma als junger Mönch täglich eine Stunde Tonleitern übte. Und wußtest Du, daß er sich die Augenlider abschnitt, um nicht vor dem Klavier einzuschlafen? Später, wenn Du noch erleuchteter bist, wirst du imstande sein, einfach dadurch Klavier zu üben, daß Du im Hof des Centers Kies harkst, wasserdichte Weidenkörbe flichtst oder Videospiele spielst.

Lieber Tofu Roshi,

meine halbwüchsige Tochter treibt seit einiger Zeit irgendeine östliche Meditation und ist, weil das zu ihrer neuen Lebensweise gehört, eine strenge Vegetarierin geworden. Ich hätte ja nicht das geringste dagegen, wenn es nicht so wäre, daß sie das jetzt auch jedem Lebewesen in ihrer Umgebung aufzwingen will, einschließlich unseres Katers. Neulich kam sie in die Küche, als ich Kater Kevin gerade seine Abendschüssel Brekkies vorsetzen wollte. Sie warf die Hände in die Luft und schrie: »Oh, das ist so brutal, wie kannst du ihm nur diese armen toten Brekkies zu fressen geben? Ist dir eigentlich klar, wie sie die umbringen?« Ich las auf der Packung nach, und da sind tatsächlich tierische Produkte drin, aber die Brekkies selbst sind meines Wissens doch keine Tiere, oder? Meine Tochter riß mir die Katzenschüssel aus der Hand, schüttete den Inhalt vorsichtig in

128

den Mülleimer und verneigte sich dabei. Dann bereitete sie einen leckeren Spargelsalat mit Walnußöl-Dressing in Kevins Napf zu, aber ich brauche Dir wohl nichts darüber zu sagen, ob der Kater ihn gegessen hat.

Du weißt, wie begeisterungsfähig Teenager sind, wenn sie sich für etwas einsetzen. Meine Tochter ist ein sehr liebes Mädchen, aber sie steigert sich zu sehr in die Sache hinein. Jedesmal, wenn sie bei uns zu Hause ein Lebensmittel findet, das tierische Produkte enthält, verneigt sie sich davor und singt es an. Gestern hat sie einen Gedenkgottesdienst für einen halben Liter Walnußeiskrem durchgeführt, weil sie, wie sich herausstellte, Rinderhufe enthielt. Sie verbringt ganze Stunden mit der Zubereitung vegetarischer Nouvelle-Cuisine-Köstlichkeiten für Kevin, in der vergeblichen Hoffnung, seinen Appetit anzuregen. Ich fürchte, er verhungert uns noch. Ich glaube, es gibt da so eine Organisation namens »Buddhisten für Tiere«. Weißt Du etwas darüber, und meinst Du, die könnten meine Tochter dazu überreden, daß sie dem Kater seine Brekkies gönnt?

Katzenliebhaberin

Liebe Katzenliebhaberin,

es gereicht Dir und Deinen Erziehungsmethoden zur Ehre, daß Dein Kind so eifrig danach strebt, alle Wesen des Tierreiches zu retten. Besäßen wir alle die Begeisterungsfähigkeit und Kompromißlosigkeit der Jugend, sähe es in unserer Welt bedeutend besser aus. Doch selbst in dem Augenblick, in dem wir geloben, alle Lebewesen zu retten, müssen wir der schrecklichen Möglichkeit gewärtig sein, daß wir einmal auf ein Brekkie treten und damit unser Vorhaben vereiteln. Die Organisation, die Du brauchst, ist nicht »Buddhisten für Tiere« sondern »Tiere für Buddhisten«. Wahrscheinlich würden sie ein paar verständnisvolle Kühe und Schweine vorbeischicken, die mit Deiner Tochter abends ausgehen und ihr sagen, sie möchte das Leben etwas leichter nehmen und sich ein bißchen amüsieren; und daß niemand von ihr erwartet, daß sie für jedes einzelne Brekkie, das in die ewigen Jagdgründe eingegangen ist, eine Totenmesse lesen läßt.

Lieber Tofu Roshi,

was hältst du von der sogenannten »weiblichen Spiritualität«? Ich bin von meiner Frau zum Feminismus bekehrt worden. Sie hat mir geholfen, mir der weiblichen Seite meines Wesens bewußt zu werden und ihr Ausdruck zu verleihen – der intuitiven Seite, jenem Teil von mir, der gern ein bißchen Ikebana macht oder morgens bei einem Extratäßchen Schonkaffee vor sich hinträumt; während sie hinterm Haus den Buben hilft, ihre fußballspielerischen Fähigkeiten zu üben. Ich meinerseits habe sie dazu ermutigt, sich durchzusetzen und ihre Wut herauszulassen, indem sie sich mit unserem Hausbesitzer herumschlägt; ihre mathematischen Kenntnisse zu vertiefen, indem sie sich um unsere Bilanz kümmert und die Einkommensteuererklärung erledigt; und habe sie außerdem mit der Instandhaltung des Hauses und der Ausführung aller Autoreparaturen betraut. Manchmal lasse ich sie sogar beim Schach gewinnen, damit ihr Zutrauen zu den logischen Fähigkeiten ihrer linken Gehirnhälfte wächst, während ich meine mütterliche, selbstverleugnende Seite trainiere.

Doch nun zu meinem Problem. Sie hat vor, an einem »Retreat für weibliche Spiritualität« teilzunehmen, in einem Kurort – mit heißen Quellen, Sauna, Masseusen und den ganzen Frauen, die nackt herumlaufen. Ich will nicht mit den Kindern zu Hause bleiben. Daß dieses Retreat nur für biologisch weibliche Personen sein soll, erscheint mir ungerecht: Es widerspricht der Behauptung meiner Frau, daß es einen weiblichen Teil in mir gibt. Wäre sie eine echte Feministin, würde sie mich doch an ihrer Stelle gehen lassen und mir dadurch die Gelegenheit geben, meine Anima zu entwickeln und würde selbst zu Hause bleiben und das Öl am Auto wechseln – was ohnehin schon längst hätte gemacht werden müssen. Ist sie nicht inkonsequent? Wir sind alle eins.

Hermaphrodit

Lieber Herm,

eines Tages wirst Du zu weiblicher Spiritualität fähig sein, doch meine ich, Deinem Brief entnehmen zu können, daß Du Dich erst noch ein wenig durch asketischere Übungen darauf vorbereiten mußt – wie auf einem Nagelbrett schlafen und ein härenes Hemd tragen (aber nicht beides gleichzeitig).

Laß Deine Frau an diesem Retreat teilnehmen und nutze ihre Abwesenheit, um Deine Anima durch ein bißchen Extrastopfen, -bügeln und -Kinder-zur-Schule-fahren zu Hause zu entwickeln. Überrasche Deine Frau, indem Du während ihrer Abwesenheit den Küchenfußboden bohnerst und sorge dafür, daß ihr, wenn sie zurückkommt, eine frischgebackene Apfeltorte entgegenduftet.

Lieber Tofu Roshi,

meine Frau und ich sind schon seit vor der Geburt unserer einzigen Tochter praktizierende Tibeto-Buddhisten, und unsere Glocken und Gesänge sind ein vertrauter Bestandteil ihres ganzen bisherigen Lebens gewesen. Doch nun ist sie in die Pubertät gekommen und hat begonnen, unsere Lebensweise offen abzulehnen. Wie Du Dir vorstellen kannst, betrübt es uns zutiefst, zu sehen, wie sie sich gegen die Wertvorstellungen auflehnt, die wir versucht haben, ihr anzuerziehen; wir wissen einfach nicht, was wir tun sollen.

Wir haben unsere Tochter Avalokiteshvara genannt, nach dem Bodhisattva des Erbarmens, aber neuerdings beklagt sie sich über ihren Namen. Und noch eins: Es gehörte schon immer zu ihren Pflichten im Haushalt, die kleine Messingfigur von Avalokiteshvara zu polieren, die wir auf unserem Altar stehen haben. Letzte Woche aber weigerte sich unsere Avalokiteshvara rundheraus, den messingnen Avalokiteshvara zu polieren; und tags darauf bemerkten wir zu unserem Entsetzen, daß die Statuette von Avksh. (verzeih die Abkürzung, aber es wird mir zuviel, das jedesmal ganz auszuschreiben) auf dem Altar durch eine kleine orangene Plastikfigur von Garfield, dem Kater, ersetzt worden war. Avksh. fanden wir dann im Badezimmerschränkchen, zwischen der geschmacksneutralen Zahnseide und der mit Pfefferminzgeschmack; wir tauschten also Avksh. und Garfield wieder aus und verloren vor unserer Tochter kein Wort darüber, da wir einfach nicht wußten, was wir hätten sagen sollen.

Was gestern nachmittag passierte, erschütterte uns sogar noch mehr. Meine Frau und ich hatten früh Feierabend gemacht und uns in unser Schlafzimmer zurückgezogen, weil wir uns schon seit langem danach sehnten, wieder einmal ein paar Stunden zusammenzusein, um an unseren hunderttausend Kniefällen zu arbeiten. Wie wir uns so durch den friedvollen Nachmittag beugten, meinte ich, ein unterdrücktes Gelächter wahrzunehmen, war jedoch so in meine Übung vertieft, daß ich nicht weiter darauf achtete. Wir hielten, wie gewohnt, nach fünfhundert zutiefst befriedigenden Verbeugungen inne, und ich langte unters Bett, nach meinen Pantoffeln. Und was glaubst Du, was ich dort sah? Unsere Tochter! Sie lag auf dem Bauch unter dem Bett, und links und rechts von ihr zwei Schulkameradinnen! Als sie sich entdeckt sahen, brachen alle drei in ein hysterisches Gekicher aus.

»Avksh.!« sagte ich mit der festesten Stimme, die ich zustande brachte. »Du kommst augenblicklich da heraus und entschuldigst Dich. Sieh nur, was Du Deiner armen Mutter antust!« Meine Frau Ramalakirti saß wie ein Häufchen Elend auf dem Fußboden und schluchzte. Ich versuchte sie zu trösten. »Weine nicht, Ramalakirti, Liebes. Avksh. wird sagen, daß es ihr leid tut – nicht wahr, Avksh.?«

Das Gekichere ging in ein Schniefen über, und von unter dem Bett kam die mürrische Antwort: »Ich heiße jetzt Garfield.«

Sie blieb unterm Bett, aber ihre zwei Freundinnen krochen mit schamroten Gesichtern hervor. »Es tut mir leid, Herr Gilligan«, sagte die eine.

»Mann, Frau Gilligan«, sagte die andere, »das war echt geil, wie Sie sich verbeugt haben und so. Das war wirklich sehr lehrreich.«

»Wir müssen jetzt nach Hause«, sagte wieder die erste. »Aber schönen Dank für die Unterhaltung.«

Dann verließen wir alle den Raum. Mit Ausnahme von Avksh., die noch stundenlang unter dem Bett blieb.

Was haben wir nur falsch gemacht?

Avksh.s Vater

Lieber Avksh.s Vater,

Deine Tochter durchläuft gerade eine Phase. Ich bin ganz sicher, daß sie Dich und Deine Frau Rmkrt. sehr liebt. Ich meine, ihr solltet ein wenig mehr auf sie eingehen. Nennt sie doch Garfield, wenn ihr soviel daran liegt. Was ist denn schon dabei?

Oder nennt sie Kitty, was ein richtiger Name ist und darüber hinaus eine passende Koseform von Avalokiteshvara.

Ihr könntet sogar den kleinen Garfield wieder auf den Altar zurückstellen und sie *ihn* – statt Du Weißt Schon Wen – polieren lassen. Stelle D. W. S. W. in das Badezimmerschränkchen zurück. Zwischen der geschmacksneutralen Zahnseide und der mit Pfefferminzgeschmack ist ein durchaus ehrenvoller Platz für den Bodhisattva des Erbarmens.

7. Philosophische Fragen

»Warum gibt es etwas und nicht nichts?«

Ich durchschritt das Tor zum Kein-Weg-Zen-Center, angetan mit Beany Ross' Hilfssheriffhemd und einem Rock, den ich mir aus Roßkastanienblättern und Papierhandtüchern in der Hütte zusammengenäht hatte. Den Rock hatte ich mir für die Busfahrt nach Oakland gemacht, damit die Leute nicht so gafften, und bei jedem Nadelstich hatte ich mein Näh-Mantra wiederholt.

»Ist da jemand?« rief ich, doch es kam keine Antwort. Es war niemand zu Hause, nicht mal ein alter Reissack. Also begab ich mich schnurstracks zum Reinheit-Ist-Alles-Waschsalon, in der Hoffnung, dort Tofu Roshi anzutreffen. Ich konnte es kaum erwarten, ihm zu erzählen, was ich in der Wildnis von Mendocino County erkannt hatte.

Als ich kurz anhielt, um einen Blick durch das Schaufenster zu werfen, überraschte mich mein Spiegelbild hinter der Glasscheibe. Seitdem ich vor über einem Monat weggefahren war, hatte ich kein einziges Mal in einen Spiegel geschaut. Ich sah in der Tat etwas befremdlich aus. Mein Haar hatte mittlerweile Bürstenschnittlänge erreicht; aber was mich wirklich bestürzte, war die Tatsache, daß auch noch etwas anderes gewachsen war – meine Ohrläppchen! Während ich mein Gesicht im Schaufenster des Waschsalons studierte, schien es wie ein unscharfes Zeitungsfoto zu verschwimmen, und dann teilte es sich in zwei Gesichter, wie eine Doppelbelichtung, und die zwei Gesichter entfernten sich voneinander und wurden, jedes für sich, wieder scharf. Eines davon war mein Spiegelbild, und das andere war kein Spiegelbild, sondern Tofu Roshis vertrautes Gesicht, flankiert von zwei baumelnden Ohrläppchen! Auch sein Haar war schon etwas nachgewachsen. Unsere Augen trafen sich, und er forderte mich mit einem Zeigefinger auf hereinzukommen. Drinnen verbeugten wir uns voreinander, dann trat er einen Schritt zurück, um mich zu betrachten.

»Was du anhast, gefällt mir«, sagte er, »doch es könnte eine Wäsche vertragen. Soll ich es eben mit meinen Sachen in die Maschine stopfen?«

Ich schüttelte den Kopf. »Nein, danke. Im Augenblick habe ich nichts anderes anzuziehen. Aber sag mir, Roshi: Sind wir eins oder zwei?«

»Nicht zwei!« brüllte er, so laut, daß sich ein paar Köpfe zu uns umdrehten.

»Aber Roshi, wer ist der Lehrer und wer ist die Schülerin?«

»Sei nicht so dualistisch«, erwiderte er mit einem müden Lächeln. »Lehrer oder Schüler, Mann oder Frau ... das hängt mir zum Hals raus! Meine große Neuigkeit ist, daß ich der neue Geschäftsführer hier bin! Glaub mir, Ichi Su, das normale Leben, der Alltag, ist das, worum es geht.«

In diesem letzten Kapitel befassen wir uns mit Fragen allgemein philosophischer Natur: Fragen über Form und Leere und den Sinn des Lebens, Fragen zur Erleuchtung und zu ihrer Beziehung zur Glühbirne. Fast jeder, dessen Geist nach der Wahrheit strebt wie ein junges Wesen nach der Mutterbrust, hat sich an irgendeinem Punkt seines Lebens die Frage gestellt: »Wer bist du nochmal? Ich hab den Namen nicht mitgekriegt.«

Als ich in die Einsamkeit zog, nahm ich viele philosophische Fragen mit – Fragen wie: Wer bin ich? Wer ist Tofu Roshi? Liebe ich ihn auf die falsche Weise? Was soll das Ganze überhaupt?

Von meinem Retreat war ich mit einem neuen, frischen Geist zurückgekehrt, mit dem ehrlichen Wunsch, mich um die Erleuch-

136

tung aller – selbst der gewöhnlichsten – Wesen zu bemühen. Ich wußte nun, daß ich nicht auf Tofu Roshi angewiesen war, um meine Übung fortzusetzen; wußte, daß das Leben selbst, *mein* Leben, mein Lehrmeister sein konnte: das Schaukelseil, der Giftefeu, der Greyhound-Bus. Ich hatte erfahren, daß ein gewöhnlicher Mensch wie Beany Ross ebenso tiefschürfende Fragen wie ein Zen-Meister stellen konnte – und daß ich genausogut von den Beany Rossen wie von den Tofu Roshis lernen konnte. Und umgekehrt. Als Shusansaki mit meiner Robe im Wald verschwand, lernte ich, nicht an bestimmten Formen zu hängen – ich begriff, daß eine Priesterrobe genausogut aus Blättern und Papierhandtüchern bestehen kann. Ich war auf alles gefaßt.

Von meiner lieben Freundin Mercy erfuhr ich, was während meiner Abwesenheit passiert war. Gleich am Abend meiner Abfahrt hatte eine Gemeindevollversammlung stattgefunden, und Tofu Roshi war aufgefordert worden, dem Sangha sein scheinbar ungehöriges Verhalten mit mir zu erklären.

»Rasieren ist eben Rasieren«, hatte er gesagt. »Nichts weiter dabei.« Doch waren immer noch einige, darunter Shusansaki, weiterhin der Meinung gewesen, das Ungehörige habe darin bestanden, daß Tofu Roshi und ich uns *gleichzeitig* den Kopf rasierten. Jemand hatte verlangt:

»Roshi, sag uns, ob du ein Mann oder eine Frau bist, damit wir wissen, wie wir deine Handlungsweise einschätzen können.« Aber Tofu Roshi hatte die Aussage verweigert. Er meinte, die Frage sei ohne Belang.

Nach einer längeren Sitzung waren alle übereingekommen, Tofu Roshi solle sich vorübergehend beurlauben lassen, aus dem Kein-Weg-Zen-Center ausziehen und sich die Haare wachsen lassen; nach einem Monat würde man die Sache dann, mit einem gewissen Abstand, erneut verhandeln können. Der

Sangha hatte auch meine eigenmächtige Beurlaubung begrüßt
– wenngleich ich als Schülerin nicht in demselben Maße wie
Tofu Roshi verantwortlich gemacht wurde.

Tofu Roshi mietete sich ein möbliertes Zimmer und begann,
seine Zeit im Reinheit-Ist-Alles-Waschsalon zu verbringen.

»Aber was ist mit dem Komposthaufen?« fragte ich Mercy.

»Wir haben uns alle abgewechselt«, sagte sie. Shusansaki
hatte die notwendigste Büroarbeit erledigt und nur die Leserbriefe für mich aufgespart. Mercy und ihre kleine Tochter waren
in mein altes Zimmer eingezogen, in die kleine Wohnung nach
hinten raus.

»Shusansaki ist wirklich dabei, sich zu ändern, Ichi Su«, sagte
sie. »Er ist längst nicht mehr so mönchisch wie früher.« Anscheinend war er ein paar Tage weg gewesen und hatte oben in
Mendocino an irgendeinem Männer-Retreat teilgenommen,
nicht weit von Mercys Hütte; und war seitdem weicher, beschei-
dener und legte keinen so übertriebenen Wert mehr auf Form-
fragen. Er hatte sogar aufgehört, sich den Kopf zu rasieren, und
trug auch keine Priesterrobe mehr, weil er meinte, er wolle sich
nicht mehr durch eine besondere Aufmachung von den anderen
absondern. Manchmal lief er allerdings mit einer Schüssel auf
dem Kopf herum, um seinen immer noch nackten Schädel zu
verbergen. Meine ganzen Sachen waren fein säuberlich in Kar-
tons eingepackt worden, und Mercy wollte sie für mich aufbe-
wahren, bis ich mich bezüglich meiner nächsten Schritte entschieden haben würde.

»Wenn du willst, kannst du dein Zimmer wiederhaben«, versicherte sie mir. »Wir werden uns schon was ausdenken. Vorübergehend könnten das Baby und ich sogar in Shusansakis Zimmer
wohnen. Ob du's glaubst oder nicht, Ichi Su, aber ich glaube, wir
sind ineinander verliebt. Er ist wirklich anders geworden. Er hat
nicht mehr dieses Paranoide an sich, und ich glaube, das ist

auch der Grund, warum seit Wochen kein einziger Schuh mehr vom Regal verschwunden ist!«

Tofu Roshis einmonatige Bewährungsfrist war nun abgelaufen, und gerade an diesem ersten Abend nach meiner Rückkehr sollte die entscheidende Gemeindevollversammlung stattfinden. Ort der Zusammenkunft war das Zendo – der einzige für diesen Zweck ausreichend große Raum im Center. Gerade als ich meine Latschen auszog, kam Tofu Roshi den Gang zum Schuhregal heruntergeschlendert. Wegen des großen Andrangs war das Regal bereits überfüllt.

»Du kannst sie ruhig in das unterste Fach legen«, sagte er und zeigte auf die für die Schuhe des Hauptpriesters reservierte Stelle. »Ich habe nichts dagegen.«

Wir betraten das Zendo und setzten uns hin, während nach uns mehr und mehr Leute hereinkamen, Sitzpolster fanden und sich wie die Teile eines Puzzles auf die verbleibenden freien Stellen des Fußbodens verteilten. So unglaublich das auch klingen mag – Shusansaki verspätete sich. Ich stellte mir vor, wie er draußen an seinem Regal von unordentlich gestapeltem, ordentlich zu stapelndem Schuhwerk aufgehalten wurde. Ich hatte ein bißchen Lampenfieber wegen unseres bevorstehenden Zusammentreffens. Seit dem Zwischenfall mit meiner Robe und meiner Schüssel hatte ich ihn nicht mehr gesehen; und das letzte Mal davor war ja der Morgen gewesen, an dem er hereingeplatzt war und Roshi und mich bei unserer gegenseitigen Rasur ertappt hatte. Katzengejaule drang durch die Fenster des Zendo. Es war ein kühler Abend; ich sah, daß Tofu Roshi fröstelte; also zog ich mein Hilfssheriffhemd aus (ich hatte darunter noch eins) und reichte es ihm. Er zog es mit offensichtlichem Wohlgefallen an, reckte die Schultern und zeigte grinsend auf das eingestickte Emblem mit den Worten »Beany Ross, Hilfssheriff, Mendocino County.«

Als Shusansaki endlich hereinkam, trafen sich unsere Blicke, und wir verneigten uns voreinander. Ich artikulierte ihm lautlos die Frage zu: »Wo sind meine Robe und meine Schüssel?« Er zeigte auf den Altar, und tatsächlich stand da eine Schüssel, dieselbe angeschlagene blaue Schüssel aus Mercys Hütte; darin lag eine Opfergabe von flaumigen Kiwis, die wie kleine Mönchsköpfe mit gerade nachsprießendem Haar ausschauten. Er zuckte mit den Schultern, als wollte er fragen: »Ist es die?«, und ich nickte. »Robe?« formte ich wieder tonlos mit dem Mund. Er schüttelte den Kopf und legte den Zeigefinger an die Lippen.

Mercy war die Versammlungsleiterin; sie begann mit der Verlesung der Tagesordnung:

1. Roshis Rolle im Kein-Weg
   1.1 Ist er ein Mann oder eine Frau?
   1.2 Wollen wir ihn in beiderlei Fällen wiederhaben?
   1.3 Wie können wir alle in gemeinsamer Verantwortlichkeit dafür sorgen, daß kein Mißbrauch der Lehrer–Schüler-Beziehung vorkommt?
2. Was ist mit Ichi Su?
   2.1 Was wird aus der Kummerkastenkolumne?
3. Neuregelungen
   3.1 Schuhregal
   3.2 Komposthaufen

Mit einer solchen – sämtliche wesentlichen Punkte unserer Praxis berührenden – Tagesordnung stellten wir uns alle auf eine lange Sitzung unter Mercys geduldiger Leitung ein. Aber die Sache war schon vorbei, beinah noch ehe sie angefangen hatte.

Tofu Roshi erklärte gleich zu Anfang, er sei dem Sangha für die an ihn ergangene Empfehlung, sich beurlauben zu lassen, äußerst dankbar, da er anderenfalls möglicherweise nie zum

Geschäftsführer des Reinheit-Ist-Alles-Waschsalon ernannt worden wäre.

»Das ist jetzt mein Weg«, sagte er. »Ich bin zur Einsicht gelangt, daß ich meinen Mitwesen besser als Waschsalongeschäftsführer denn in meiner bisherigen Eigenschaft als euer Oberpriester dienen kann.« Wenn der Sangha der Führung bedürfe, erklärte er weiterhin, so sei er davon überzeugt, daß Shusansaki und ich diese Aufgabe leisten könnten; er wünsche nicht, uns im Stich zu lassen, und sei von Herzen gern bereit, von Zeit zu Zeit als Gastdozent zum Zen-Center zurückzukehren. Wünsche jemand, mit ihm unter vier Augen zu reden, so werde es ihm stets ein Vergnügen sein, in seinem kleinen Büro, im Hinterzimmer des Waschsalons, Dokusan abzuhalten, während die Wäsche in der Maschine trocknet.

»Laßt uns gemeinsam weiterarbeiten«, sagte er. »Ihr werdet mein Lehrer sein, ich werde der eurige sein, und das Leben wird unser aller Lehrmeister sein.«

»Und der Komposthaufen?« fragte Shusansaki.

»Ich habe das Interesse daran verloren«, sagte Roshi. »Man macht sich die Kleider so schmutzig dabei. Kannst du das nicht übernehmen, Shusansaki? Ich glaube, das würde dir guttun – es würde dein Denken auflockern.«

»Aber wer wird sich um das Schuhregal kümmern, während ich Kompost schaufle?«

»Mag das Schuhregal sich um sich selbst kümmern«, sagte Roshi. »Ist es nicht so, daß schon lange keine Schuhe mehr verschwunden sind?« Und mit seiner neugefundenen Flexibilität pflichtete Shusansaki ihm bei.

»Und was ist mit der Kummerkastenkolumne?« fragte Mercy.

»Mag Ichi Su sie weiterführen«, sagte er. »Sie weiß besser als ich, was ich antworten würde. Schon von Anfang an. Ich bin nicht mehr Tofu Roshi. Sie sei fortan Tofu Roshi. Ich glaube, ich werde mich ab jetzt Beany nennen, wie es hier auf meinem Hemd steht.«

Damit schien alles geregelt zu sein. Man bot mir an, in Tofu Roshis frühere Privaträume zu ziehen und die ganze Büroarbeit weiter zu erledigen, insbesondere die Beantwortung der Leserbriefe – allerdings unter einer Bedingung: daß ich mir weder den Kopf rasiere noch eine Robe trage.

»Wir versuchen alles abzuschaffen, was die Menschen trennt«, erklärte Mercy. Ich war froh, ihr von meinem diesbezüglichen Gesinnungswandel berichten zu können. Ich sagte, mein Rock aus Blättern und Papierhandtüchern reiche mir als Robe vollauf.

»Das ist ein irrer Rock«, sagte Mercy. »Was ist das eigentlich für Laub?«

»Urlaub«, erklärte ich, »Blätter der Abwesenheit.« Ich war dem Sangha für seine versöhnliche Haltung dankbar, auch wenn ich wußte, daß ich nichts Unrechtes getan hatte. Was für ein Glück, im Schoße einer Gemeinschaft von Menschen zu üben und zu arbeiten, die von dem einen Wunsch geeint wurden, die Dinge so zu sehen, wie sie sind, und nichts so zu sehen, wie es nicht ist!

Der ehemalige Tofu Roshi, jetzt Beany der Zweite (aber für mich wird er immer Tofu Roshi bleiben!), hatte es eilig, wieder zum Waschsalon zurückzukehren, und unsere Versammlung wurde aufgelöst. Als wir uns von unseren Polstern erhoben, rief eine Stimme aus den hinteren Reihen:

»Tofu Roshi, sag uns jetzt endlich: bist du ein Mann oder eine Frau?«

Ich sah Tofu Roshi an, und er sah mich an und zuckte mit den Schultern. Plötzlich fühlte ich, daß es jetzt an mir sei, zu sprechen:

»Es gibt keinen Tofu Roshi außer uns selbst«, erwiderte ich

mit einer neuen Zuversicht. »Ich bin Tofu Roshi, ihr seid Tofu Roshi. Mann oder Frau, Joghurt oder Schichtkäse – wir alle sind Lehrer, wir alle sind Schüler, wir alle sind Tofu Roshi.«

Diese Nacht schlief ich in Tofu Roshis Bett, und am nächsten Tag packte ich meine paar Sachen aus und räumte sie in meinem neuen Quartier ein. Als ich den Schrank öffnete, traf mich der Schlag. An der Innenseite der Schranktür hing eine von diesen Stoffvorrichtungen, in denen man Schuhe aufbewahrt; und in jeder der zahlreichen daran befestigten Taschen steckte ein Paar Schuhe – Aerobicschuhe, Basketballschuhe, italienische Sandalen, Clarks Wanderschuhe und sogar die neuen Clogs, die ich gleich am ersten Tag während meiner Zazen-Unterweisung verloren hatte! Und gleichfalls in jeder Tasche fand ich, zwischen den Schuhen, je ein Paar säuberlich aufgerollter, sauberer Socken. Wie sich schließlich herausstellte, konnten wir fast alle Schuhe dem jeweiligen rechtmäßigen Besitzer (einschließlich Tofu Roshi selbst) zurückgeben; und die übrigbleibenden, herrenlosen, wurden wir alle auf unserem jährlichen Flohmarkt los. Die Socken gehörten alle mir, und jetzt bewahre ich sie einfach da auf, wie Babykänguruhs in ihrem kleinen Beutel. Ich werde mir lange lange keine neuen Socken mehr zu kaufen brauchen.

Ich bin zu dem Schluß gekommen, daß Tofu Roshi unter dem unkontrollierbaren Impuls handelte, das eine Paar Schuhe zu finden, das er endlich imstande gewesen wäre, sich selbst zu binden; er hatte sich die Schuhe nur ausgeborgt – nur solange, bis er gelernt haben würde, eine Schleife zu binden. Niemand ist vollkommen, nicht einmal ein Zen-Meister. Für die Socken habe ich keine Erklärung. Was meine Robe anging, enthielt sich Shusansaki näherer Auskünfte. Als ich im darauffolgenden Frühjahr wieder zu Mercys Hütte fuhr, um dort ein ruhiges Wochenende zu verbringen, fand ich meine Robe: Sie hing an einem Nagel an der Tür, und eine Spinne seilte sich gerade von einem Ärmel ab. Ich ließ sie in der Hütte als Strandkleid für nachfolgende Besucher zurück

Tofu Roshi ist immer noch unser Lehrer. Erst neulich hielt er im Zendo einen Vortrag mit dem Titel: »Wie man die Fettflecke aus seiner Buddhanatur rauskriegt.« Er empfahl zu diesem Zweck bestimmte Waschmittel und fuhr dann fort:

»Das Leben ist wie eine Waschmaschine – es ist ein Umwandlungsprozeß. Und wie bei einer Waschmaschine bekommt man da – entgegen landläufiger Meinung – *nicht* immer dasselbe heraus, was man hineingesteckt hat. Es wird immer Überraschungen geben.«

Ich arbeite immer noch jeden Tag im Büro und beantworte die Briefe, die in wahren Strömen für den »Lieben Tofu Roshi« ankommen. Und ich weiß, daß ich für ihn antworte, daß er durch mich spricht. Als ich heute morgen in den Spiegel schaute, um mir Ohrringe anzulegen, überlegte ichs mir anders und beschloß, ohne zu gehen. Ich muß in letzter Zeit so schwere Ohrringe getragen haben, daß meine Ohrläppchen davon ausgeleiert sind; sie sind jetzt ganz lang und schlenkerig.

Lieber Tofu Roshi,

wieviele Zen-Meister braucht man, um eine Glühbirne zu wechseln?

Pflaumenblüte

Liebe Pflaumenblüte,

zwei. Einen, um sie zu wechseln, und einen, um sie nicht zu wechseln.

Lieber Tofu Roshi,

werden wir je ein Bild von Dir zu sehen bekommen? Meine Frau meint, daß Du vielleicht gar nicht existierst. Wenn Du existierst: Bist Du ein Mann oder eine Frau, und wie alt bist Du, wenn Du ein Mann bist? Ich lege einen Schnappschuß bei von meiner Frau und mir bei unserer Silbernen Hochzeit.

Wir mögen Deine Rubrik, auch wenn es Dich überhaupt nicht geben sollte. Danke.

Frank

Lieber Frank,

hier ein kleiner Hinweis bezüglich meiner äußeren Erscheinung: Weißt Du, wie Bohnenquark aussieht?

Auf die Frage Deiner Frau – existiere ich überhaupt? – möchte ich mit einer Rückfrage antworten: »Sitzt ein Bär im Wald?«

Lieber Tofu Roshi,

ich habe mit meiner Frau gewettet, daß Du keine wirklichen Briefe abdruckst, sondern sie Dir einfach selbst ausdenkst. Kein wirklicher Mensch würde solche bescheuerten Fragen stellen. Wenn Du diesen Brief hier veröffentlichst, muß ich einen Monat lang alle durchgebrannten Birnen in unserer Wohnung wechseln, außer ich kann meine Frau davon überzeugen, daß Du auch ihn erdichtet hast.

Tappt noch im Dunkeln

Lieber Tappt,
die Briefe sind echt. Was nicht wirklich ist, das bin ich, Tofu Roshi.

Lieber Tofu Roshi,
was ich über die Erleuchtung gerne wissen würde, ist: Kann man dabei lesen?

Perry Meter

Lieber Perry,
erstens: Vergewissere Dich, daß neue Glühbirnen im Haus sind.

Zweitens: Erwäge das Koan »Der Klang des Kratzens einer Hand«. Ka Bok fragte einst Moich Ling: »Wenn eine Mücke den Buddha sticht, wird sie erleuchtet?«

Moich Ling runzelte die Stirn und kratzte sich am linken Knöchel.

Plötzlich klatschte sich Ka Bok gegen die Stirn.

Kommentar von Za Phu: So erlangte Ka Bok die Erleuchtung und schlug zugleich eine Mücke tot.

Lieber Tofu Roshi,
Warum gibt es etwas und nicht nichts?

Andy Materrier

146

Lieber Andy,

Du kennst wahrscheinlich den weisen alten Spruch: »Die Zeit ist die Weise, in der die Natur verhindert, daß alles auf einmal geschieht.« Ebenso erscheint etwas, um zu verhindern, daß nichts den ganzen Platz einnimmt.

Du bringst eine schwierige Materie zur Sprache; und nichts könnte in diesem Zusammenhang wesentlicher zu unserem Verständnis dessen beitragen, was ist, als was nicht ist. Wir müssen lernen, die Dinge zu sehen, wie sie sind, und nichts zu sehen, wie es nicht ist. Im wesentlichen ist nichts von Belang.

Lieber Tofu Roshi,

warum seid Ihr Gurus und Swamis und Roshis und so weiter allesamt immer vom zipfeltragenden Geschlecht? Wann ringt auch Ihr Euch endlich zur Gleichberechtigung durch?

Schwester aus Berkeley

Liebe Schwester,

mit großem Interesse erfahre ich, daß es in Berkeley Nonnen gibt. Als Mitglied eines heiligen Ordens möchtest Du wissen, warum wir religiöse Führer keine leibhaftigen Götter sind, sondern bloße Sterbliche, fehlbare Angehörige des Menschengeschlechts, die noch an ihrem Bündel – oder »Zipfel«, wie Du Dich ausdrückst – zu tragen haben. Wir sind noch Menschen, weil wir das Rad des Karma noch nicht überwunden haben. Doch wenn Du auf unser aller »Recht« anspielst, »gleich« (also nicht erst später) Buddha zu sein, so kann ich Dir nur recht geben: wir sind es in der Tat bereits!

147

Lieber Tofu Roshi,

was ist der Sinn des Lebens?

Samadhi-Pantz

Liebe Leser,

ich bin so gut wie sicher, daß wir im Kloster, in dem ich ausgebildet wurde, diese kontroverse Frage »Leben – was soll das?« behandelt haben; doch es ist schon sehr lange her, und als ich den obigen Brief erhielt, konnte ich mich an die Antwort einfach nicht mehr erinnern. Deshalb habe ich die Leser meiner Kolumne um ihre freundliche Mithilfe gebeten. Hier einige der Briefe, welche diejenigen, die ihrer rastlosen Suche nach besagter Bedeutung die zur Beantwortung meiner Frage erforderliche Zeit abzuzweigen bereit waren, eingesandt haben:

Lieber Tofu Roshi,

der arme Trottel, der nach dem Sinn des Lebens gefragt hat, tut mir echt leid. SINN?!?!?!... LEBEN!?!?!?!... Armer Trottel.

Kein Idiot

Lieber Tofu Roshi,

dies ist das erste Mal, daß ich eine Ratgeberecke anschreibe, aber ich mußte einfach meine Meinung über den Sinn des Lebens äußern. Viele werden Dir erzählen, das Leben habe überhaupt keinen Sinn und das einzig Sinnvolle sei, sich einfach zu amüsieren, wann immer sich die Möglichkeit dazu bietet. Man wird versuchen, Dich mit diesem Argument ins Bett zu kriegen. Und genau aus diesem Grunde schreibe ich Dir – eben weil ich weiß, daß unheimlich viele Leute die fixe Idee haben, der ein-

148

zige Sinn des Lebens liege darin, durch die Gegend zu vögeln. Aber glaub mir, das Leben hat eine ganze Menge mehr zu bieten als nur Sex. Laß Dir von niemandem einreden, die einzigen wahren Freuden seien die Freuden des Fleisches oder die einzige Erleuchtung sei die Einheitserfahrung in der sexuellen Vereinigung. Ich wette, Du bekommst massenhaft Briefe über die Gipfelerlebnisse, die sich infolge tantrischer Praktiken, dionysischer Riten und anderer Arten von Orgien einstellen. Wir dürfen diesen unzüchtigen Stimmen kein Gehör leihen. Manche Menschen können einfach an nichts anderes denken als an Sex – ob sie sich nun vergangene genußvolle Augenblicke vergegenwärtigen oder sich in ihrer Phantasie ausmalen, was sie gern täten oder von wem sie was gemacht bekommen möchten, in welcher Stellung, auf welchem Möbelstück und all sowas. Und deshalb wollte ich einfach nur eine etwas weniger schlüpfrige Note in die Debatte um den Sinn des Lebens einführen und ausdrücklich feststellen, daß der erste Schritt zu dessen Verständnis darin besteht, seinen Geist aus der Gosse zu heben. Denkt nicht an Sex.

Keuscher Denker

Bieler Fotu Rhosi,

Leben: chidter, reißew Dnust üreb med Erbdoden; ßeiwe, rüf das Geau undruchgrindliche Brütung red Flut (druch Zonkenzration keinstler Sawwerpfrötchen).«

Kerstin & Helga N. Nuded

Lieber Tofu Roshi,

ich rasiere mir den Kopf, um mich zur Demut anzuhalten, aber der Verlust von Körperwärme durch das siebte Chakra

wirkt sich nachteilig auf meine Gesundheit aus. Nach meiner Erfahrung besteht ein enger Zusammenhang zwischen einem kalten Kopf und einer Erkältung. Letzte Woche ergab ich mich den Forderungen des Fleisches und begann, im Zendo eine Kopfbedeckung zu tragen. Jetzt ist mein Kopf warm, aber irgendwo tief drinnen quält mich mein Gewissen. Ich bin zwischen der Scylla der Schuld und der Charybdis physischer Beschwerden eingekeilt.

Pudelmütz

Lieber Pudelmütz,

Du solltest Dir den Kopf untersuchen lassen. Die Schuldgefühle, unter denen Du leidest, sind rein psychologischer Natur. Bedecke Deine Birne mit jedem beliebigen Kopfputz, der sich nur irgendwie mit der auf Deinem spirituellen Weg üblichen Bekleidung in Einklang bringen läßt, und sage Dir selbst: »Mein Gewissen ist glockenrein.« Vermeide schwere Kopfbedeckungen, welche die Nackenmuskulatur einer übermäßigen Belastung aussetzen.

Lieber Tofu Roshi,

ich versuche, alle Wesen zu retten. Ich dachte, es wäre vielleicht einfacher, mit den kleinsten anzufangen, und müßte deshalb wissen, ob die Bakterien auch dazugehören.

Ein ernsthaft Strebender

»Mein Gewissen ist glockenrein.«

Lieber Ernsthaft,

das ist eine heikle Frage. Fang lieber mit etwas an, das wenigstens mit unbewaffnetem Auge sichtbar ist, mit einer Stubenfliege etwa. Selbst bei einem großen Staphylokokkus ist es noch recht schwierig zu erkennen, wann er eine korrekte Zazenhaltung eingenommen hat.

Lieber Tofu Roshi,

seit zwei Jahren schon bin ich ein treuer Leser Deiner Kolumne, aber ich hätte nie gedacht, daß ich Dir schreiben würde. Wie man sich doch täuschen kann!

Verblendet

Lieber Tofu Roshi,

soweit ich weiß, ist es ein ganz wesentlicher Teil Deiner Lehre, daß man das Selbst vergessen muß. Ich bin aber Psychotherapeutin, und das Selbst ist genau das, womit ich arbeite. Seufzer um Seufzer, Träne um Träne, Faust um Faust und Traum um Traum bauen meine Klienten ihr Selbstbewußtsein wieder auf; und dann kommst Du von hinten angekrochen und – WAMM! – brätst Du ihnen eins mit dem Stock über, und schon bleibt von der wackligen Konstruktion nur ein Haufen Trümmer übrig. Beziehungsweise fünf Haufen, wenn ich recht informiert bin. Wie hebst Du diesen offenbaren Widerspruch zwischen geistiger Entwicklung und psychischer Gesundheit auf? Glaubst Du, daß wir gegeneinander arbeiten?

Jane

Liebe Jane,

Du hast recht – wir können das Selbst nicht vergessen, so-

152

lange wir kein starkes Selbst haben, das wir vergessen könnten. Deine Arbeit bereitet deshalb den Menschen auf meine Arbeit vor, und dafür bin ich Dir dankbar, wo immer Du auch sein magst. Du knetest den Teig, ich backe ihn im Ofen des Zendo. Deshalb muß auch jeder, der in unsere Gemeinde aufgenommen werden will, zuerst ein Zertifikat vorweisen, das seine geistige Gesundheit bescheinigt. Doch selbst das reicht nicht immer aus.

Da war zum Beispiel ein Schüler von mir, der während eines langen Sesshin sein Selbst vergaß, und als das Sesshin endete, völlig außerstande war, sich wieder daran zu erinnern (an das Selbst). Glücklicherweise wußten wir seinen Namen und seine Adresse und konnten ihn so im Taxi nach Hause schicken. Er verblieb noch einige Monate in einem Zustand geistiger Verwirrung und war während dieser Zeit davon überzeugt, Bodhidharma sei der Präsident der Vereinigten Staaten.

Eine Schülerin hatte während eines Retreats eine tiefe Erfahrung von Nicht-Selbst oder Anatta, und als sie am Ende wieder zum Selbst zurückkehrte, war es zwar das Selbst, doch das Selbst von jemand anderem. Als sie sich in den letzten Augenblicken fragte: »Wer bin ich?« und: »Wer fragt: ›Wer bin ich?‹?«, fiel ihr anscheinend der Name »Dan Flanagan« ins Auge, der in den Zabuton, auf dem sie saß, eingestickt war. Sie versuchte, ohne Erfolg, in Dans Hautsack, in seine Wohnung, seinen Lastwagen, einzudringen. Er war ja bereits da drin, und für beide reichte der Platz nicht aus – jedenfalls nicht im Hautsack. Und in seiner Wohnung oder seinem Lastwagen wollte er sie eigentlich auch nicht unbedingt haben. Erst durch die gebündelte Anstrengung weiteren Zazens gelang es ihr zu guter Letzt, Dan Flanagans Selbst zu vergessen und sich anschließend wieder in ihrem eigenen niederzulassen.

Seit diesem Zwischenfall muß im Zendo jeder ein Schildchen

um den Hals tragen, mit Name, Adresse, Beruf, Lieblingsfeind und Name des Präsidenten der Vereinigten Staaten von Amerika (bisweilen sind die letzten zwei Punkte identisch). So können unsere Schüler das Selbst während der Meditation unbesorgt hinter sich lassen – im beruhigenden Wissen, daß die Antwort auf die Fragen »Wer fragt: ›Wer bin ich?‹?« und »Wer fragt: ›Wer fragt: »Wer bin ich?«‹?‹?« in greifbarer Nähe liegt. Beziehungsweise hängt.

Lieber Tofu Roshi,

in meinen vergangenen Inkarnationen war ich ein Milchsäurebazillus, ein Marienkäfer, eine Versuchsratte, ein Reitpferd und eine Zahnarzthelferin – und zwar genau in dieser Reihenfolge. Wie Du siehst, zieht sich das Prinzip des Dienens leitmotivisch durch meine früheren Existenzen, wodurch mein rascher Aufstieg auf der karmischen Leiter verständlich wird. Manchmal war ich männlich, manchmal weiblich – außer, natürlich, als ich ein Milchsäurebazillus war. Ich war, nebenbei gesagt, ein männlicher Marienkäfer und hatte viel Freude am Transvestitendasein. Jetzt bin ich ein Gehirnchirurg – reich und berühmt, doch unausgefüllt. Eine hohe gesellschaftliche Stellung ist allem Anschein nach nichts für mich.

Kürzlich habe ich von einer uralten Technik gehört, die es einem ermöglichen soll, eine bestimmte nächste Wiedergeburt bewußt anzusteuern. Kann ich wieder ein Marienkäfer werden? Das war die glücklichste Zeit meiner Leben. Mir läuft heute noch das Wasser im Mund zusammen, wenn ich Blattläuse sehe.

Dr. Medulla

Lieber Dr. Medulla,

ja, es gibt in der Tat eine solche Methode. Im Soto-Zen sprechen wir nicht oft über diese Dinge, weil ein Übermaß an Beschäftigung mit dem Gedanken an eine bestimmte zukünftige Existenz uns allzuleicht unserem gegenwärtigen Leben entfremden kann. Außerdem ist das Erlernen dieser Technik mit erheblichen Schwierigkeiten verbunden, der Andrang bei bestimmten künftigen Lebensformen gewaltig, der ganze Prozeß noch aussichtsloser als der Versuch, einen Studienplatz für Medizin zu bekommen; und so werden sehr sehr viele Menschen auch nicht in das Leben ihrer ersten Präferenz hineingeboren. Wie fändest Du es beispielsweise, ein Ohrwurm zu sein? Wenn Du Dich damit abfinden könntest, wende Dich an das nächste Center für bewußte Wiedergeburt.

Wie man es aufgibt,
sich zu bessern

Heute möchte ich zu euch darüber sprechen, wie wichtig es ist, daß man es aufgibt, sich bessern zu wollen. Dies ist eine der schwierigsten Aufgaben überhaupt, mit denen der Buddha-Weg uns konfrontiert. In dieser unserer modernen Zeit begegnen uns andauernd neue, verführerische Gelegenheiten, mehr aus uns zu machen. Das Angebot reicht von Workshops, um bessere Eltern zu werden, bis hin zu Übungen zur Kräftigung des Quadrizeps. Wir sind so sehr an diese Art zu denken gewöhnt, daß sie uns nicht einmal mehr an uns selbst auffällt. Und genau darin liegt die große Gefahr. Wie viele von euch haben angefangen, Zazen zu sitzen, weil sie irgendwie hofften, dadurch ein besserer Mensch zu werden? Und für viele von uns wird es vielleicht noch Jahre und Jahre der härtesten Übung bedürfen, bis sie zur Gewißheit gelangen, daß diese ihre Hoffnung vergeblich war. Der Buddhismus lehrt, daß alles sich ständig verändert, doch früher oder später müssen wir einsehen: *besser* wird es dadurch nicht.

Als der alte Moich Ling noch Abt des Klosters auf dem Faulpelz-Berg war, sagte ein junger Mönch mit wabbeligen Schenkeln zu ihm:

»Mein Geist verweilt ständig bei den fünf Begierden (Essen, Sex, Schlafen, Ruhm, Reichtum). Letzte Nacht habe ich alle Litschis in der Vorratskammer des Klosters aufgegessen. Wie kann ich meine Schwächen überwinden und ein besserer Mensch werden?«

156

»Du Reissack, du!« knurrte Moich Ling. »Wer will denn überhaupt ein besserer Mensch werden? Leg dich unverzüglich hin und mach ein Nickerchen, bis deine Anwandlung vorüber ist. Wie kannst du erweckt werden, wenn du nicht schläfst?«

Za Phu hinterließ uns diese Strophe:

> Der alte Reissack und der junge Reissack schimpfen auf dem Faulpelz-Berg.
> Wie sie sich gegenseitig auf den Geist gehen mit ihrem unerfreulichen Charakter!
> Der junge Reissack schläft ein.
> Wenn er erwacht, wird er immer noch ein schlabbriger Reissack sein.

Nun könntet ihr fragen: »Was ist denn eigentlich so schlimm daran, wenn man sich bessern will? Vielleicht habt ihr unangenehme Charaktereigenschaften oder schwache Knie, Dinge, die euch bei der erfolgreichen Bewältigung eurer alltäglichen Pflichten behindern. Vielleicht möchtet ihr eine lästige Kokainsucht loswerden oder die schlechte Angewohnheit, anderen ständig ins Wort zu fallen. Doch die allererste Angewohnheit, die ihr aufgeben müßt, ist die, euch bessern zu wollen. Über den Rest könnt ihr euch später immer noch den Kopf zerbrechen. Es mögen in euer aller Leben durchaus noch Zeit und Ort kommen, euch zu bessern; doch das Zendo ist nicht der Ort, und jetzt ist nicht die Zeit. Verschiebt es.

Es ist natürlich leichter gesagt als getan: es aufzugeben, sich zu bessern! Jeder von uns muß diesen Weg, der nirgendwo hinführt, ganz allein beschreiten. Aber als euer Lehrer kann ich euch immerhin einige ausgeklügelte Techniken anbieten, mit deren Hilfe es euch zu guter Letzt gelingen könnte, die üble Gewohnheit, ständig an euch herumzubessern, zu überwinden.

Und ich kann euch einige Kriterien mitteilen, anhand derer ihr eure Fortschritte auf dem pfadlosen Pfad überprüfen könnt.

Ich möchte euch bitten, zwei Wochen eures Lebens ausschließlich der Aufgabe zu widmen, jeglichen Hang zur Selbstverbesserung loszulassen. Wenn ihr den achtteiligen Pfad, den ich nun beschreibe, gewissenhaft befolgt, werdet ihr – wie ich zu hoffen guten Grund habe – bald mit Freude feststellen, daß gar nichts dabei herauskommt.

1. Stelle dich jeden Morgen, direkt nach dem Aufstehen, vor den Spiegel, schaue deinem Spiegelbild ins Auge und frage dich zehnmal: »Wer will denn überhaupt ein besserer Mensch werden?«

2. Sage dir jeden Abend vor dem Einschlafen zehnmal: »Jeden Tag, in jeder Hinsicht, wird meine Gier geringer, mich zu bessern.«

3. Erhalte dich für diese zwei Wochen aller Therapien, Yoga-Kurse, Cembalo-Stunden, Überlebenstrainings und sonstiger erzieherischer Maßnahmen. Wenn du dich erst einmal von jedem Erfolgsstreben befreit hast, kannst du immer noch an der Stelle weitermachen, an der du aufgehört hast.

4. Halte für die Dauer dieses Programmes keinerlei bestimmte Diät ein. Unternimm einen halbherzigen Versuch, alles zu essen, was so im Haus herumliegt. *Das* ist die Gelegenheit, die letzten seit Ewigkeiten vor sich hingammelnden Gewürzgürkchen, die leicht angeweichten Salzstangen, die steinharten vorjährigen Pralinen und was du sonst noch im hintersten Winkel von Kühl- oder Küchenschrank findest, zu verbrauchen.

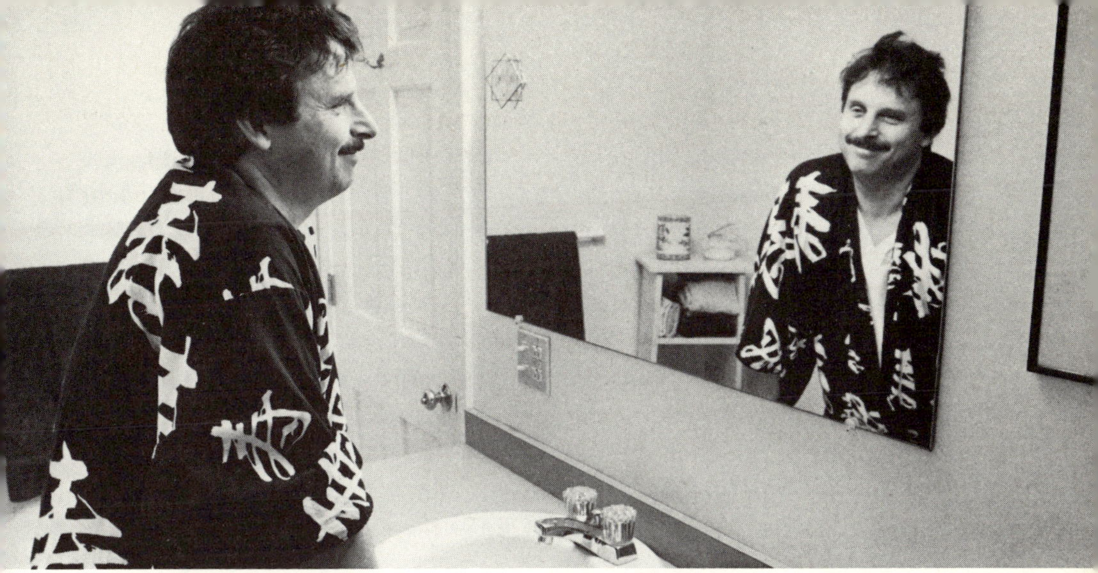

*Stelle dich jeden Morgen direkt nach dem Aufstehen
vor den Spiegel, schaue deinem Spiegelbild ins Auge
und frage dich zehnmal: »Wer will denn überhaupt
ein besserer Mensch werden?«*

*Sage dir jeden Abend vor dem Einschlafen zehnmal:
»Jeden Tag, in jeder Hinsicht, wird meine Gier geringer,
mich zu bessern.«*

5. Tritt jeden Tag zwanzig Minuten lang langsam auf der Stelle und wiederhole dabei mit eintöniger Stimme: »Es gibt nichts zu erreichen, und nichts wird erreicht.« Dein Körper braucht genau zwanzig Minuten, um die Tatsache zu registrieren, daß sich weder eine erhöhte Herzfrequenz noch ein Ausstoß streßabbauenden Adrenalins in die Blutbahn wohltuend bemerkbar macht. Dies ist eine fortgeschrittene Technik, und sie erfordert deine beständige Wachsamkeit, damit du weder irgendwo hinkommst noch irgendeinen körperlichen Nutzen daraus ziehst. Anfangs könnte es sich als hilfreich erweisen, in regelmäßigen Abständen deinen Pulsschlag zu messen, um dich zu vergewissern, daß er wirklich unverändert bleibt.

6. Lege ein Diagramm an und trage darin den täglichen relativen Stand deiner Anhaftung in folgenden Bereichen ein:

Psychisch gesunde zwischenmenschliche Interaktionen
Körperliches Wohlbefinden
Produktivität
Geistiger Fortschritt & Erleuchtung

Vergiß nicht: Es geht dir dabei um *niedrige* Anhaftungs-, nicht um *hohe* Erfolgswerte.

7. Wähle anhand deiner Programmzeitschrift die Fernsehsendung aus, die dich am wenigsten interessiert. Sei ehrlich zu dir selbst. Schaue dir dann die Sendung an; befleißige dich dabei eines möglichst stupiden Gesichtsausdrucks. Fortgeschrittenere Schüler sollten die Sendung auf Video aufzeichnen und sie sich ein zweites Mal ansehen.

8. Setz dich auf ein rundes schwarzes Kissen, mit dem Gesicht zur Wand. Denke an gar nichts. Atme.

Wenn ihr diese Instruktionen mit der peinlichsten Sorgfalt befolgt, werdet ihr nach Ablauf der zwei Wochen nicht nur feststellen, daß es euch nicht gelungen ist, euch zu bessern, sondern daß ihr überhaupt die ganze Idee der Besserung als den bodenlosen Wahn, der sie tatsächlich ist, durchschaut und gänzlich aufgegeben habt.

Ich fordere euch mit Liebe und Respekt auf, keine Zeit zu verlieren. Ihr könntet euch sehr leicht etwas vormachen, indem ihr euch fest vornehmt, euren Drang nach Besserung *bald* aufzugeben – *nachdem* ihr aufgehört habt, an den Nägeln zu kauen, sobald ihr zehn Pfund abgenommen oder gelernt habt, Jitterbug zu tanzen. Das ist eine Falle. Morgen könnte es schon zu spät sein: In den letzten Stadien der Krankheit verliert das Opfer jegliche Kontrolle über sich selbst, und seine Angehörigen und Bekannten sehen sich gezwungen, Kursprogramme und Werbeprospekte von Fitneß-Centern vor ihm zu verbergen. Moich Ling forderte den jungen Mönch auf, *unverzüglich* ein Nickerchen zu machen.

Vergeßt nicht: Ihr seid bereits vollkommen, ganz genau so, wie ihr seid. Gewissermaßen. Wenn ihr *wirklich* vollkommen wärt, hättet ihr keinen einzigen Freund auf der Welt.

Glossar

Asana: Eine verdrehte Körperhaltung, die jemand einnimmt, der Yoga treibt.

Ashram: Eine hinduistische Kommune.

Birkenstocks: Eine in der BRD nicht erlaubte Schleichwerbung, auf deren Gegenstand wir nicht näher eingehen wollen.

Bodhidharma: Ein alter und grimmiger buddhistischer Patriarch, der den Buddhismus von Indien nach China brachte. Traurige Berühmtheit erlangte er dadurch, daß er sich die Augenlider abschnitt, um beim Zazensitzen nicht einzuschlafen.

Bodhisattva: Ein barmherziges Wesen, das sich um die Erleuchtung aller Wesen bemüht und sich gut ausnutzen läßt.

Buddha-Natur: Soheit, Sosein.

Chakra: Nach alter yogischer Lehre gibt es im menschlichen Körper, vom unteren Ende der Wirbelsäule bis hinauf zum Scheitel angeordnet, sieben Chakras oder Energieknoten. Die Existenz der Chakras wird seit dem Jahre 1971 auch von der westlichen Medizin anerkannt – seit der Zeit nämlich, da ein Team von Chirurgen, das bei Swami Mahaha eine Haartransplantation versuchen wollte, eine winzige Falltür in dessen Kopfhaut (über dem Scheitel) entdeckte. Als dieselbe geöffnet wurde, schoß ein Lichtstrahl hervor, der einer kleinen Taschenlampe entsprang.

Dharma: Die Wahrheit, die Lehre. Auch die Phänomene, alle Erscheinungen, der ganze Krempel einschließlich dessen,

was auf dem Dachboden rumliegt und des nächsten Sperr-
mülls harrt.

Dokusan: Eine angeblich private Unterredung zwischen Roshi
und Schüler.

Gatha: Die buddhistische Version eines Limericks; meist ein
Gelegenheitsgedicht.

Gassho: Stumm dankende Verbeugung mit flach aneinanderge-
legten Händen, wie bei »Ringlein, Ringlein, du mußt wan-
dern«.

Halber Lotos, voller (ganzer) Lotos: Schneidersitzähnliche Hal-
tungen für die sitzende Meditation, bei denen ein Fuß (beziehungsweise beide Füße) auf dem jeweils gegenüberliegen-
den Oberschenkel zu ruhen kommt (beziehungsweise kommen), wodurch eine Kasteiung des Fleisches erzielt wird.

Herzsutra: Eine der grundlegendsten buddhistischen Schriften,
wird bei so ziemlich jeder Veranstaltung im Singsang rezi-
tiert. Dieses Sutra widerspricht sich andauernd selbst und
leugnet die Existenz von praktisch allem.

Jukai: Die zeremonielle Initiation in den Buddhismus, in deren
Verlauf die Kandidaten ihre buddhistischen Namen und Tele-
fonnummern empfangen.

Kalpa: Ein sehr langer Zeitraum, entspricht einer Ewigkeit plus
eine Woche.

Karma: Das Gesetz von Ursache und Wirkung, wird vielfach als
Ausrede oder als Erklärung für etwas scheinbar Unerklärli-
ches verwendet, wie im Satz: »Das ist eben sein Karma.«

Kensho: Der Augenblick, in dem der Wecker losgeht und der
Schläfer erwacht.

Koan: Eine zu Zwecken der Schulung eingesetzte Anekdote
oder Frage, oft einer alten Zen-Geschichte entnommen, die
aller Vernunft spottet und dem Schüler dazu verhilft, nicht
mehr ein noch aus zu wissen.

Makyo: Eine beim Zazen auftretende Vision.

Mantra: Eine kurze sprachliche Äußerung, wirkmächtig durch Wiederholung, die der Guru zuweilen an den Schüler gegen eine entsprechende Schutzgebühr weitergibt.

Miso: Sojabohnenpaste, aus der man eine hervorragende Suppe zubereiten kann, wenn man solches Zeug mag.

Mudra: Eine bedeutungsträchtige Handstellung; obszöne Gesten fallen in der Regel nicht unter diese Definition.

Netz des Indra: Ein Symbol für die Verbundenheit aller Dinge oder Phänomene. Jedes scheinbar gesonderte Ding ist in Wirklichkeit nur ein Knoten im Netz, ein Schuß in der Kette, eine Laus im Pelz.

Nirvana: Ist sogar noch besser als Satori.

Oryoki: Ein Satz von drei ineinander stülpbaren Schüsseln und anderen Utensilien, die bei den rituellen Mahlzeiten im Zendo Verwendung finden. Im übertragenen Sinne das rituelle Essen selbst. Der Name ist die Verballhornung eines Wortes, das wir hier lieber mit Stillschweigen übergehen wollen.

Rakusu: Schlabberlätzchen für Buddhisten.

Roshi: Zen-Meister; ehrwürdiger Lehrer.

Samadhi: Ein Zustand tiefster Konzentration, der primär durch Meditation und Computerspiele erreicht wird.

Sangha: Die Gemeinde oder Gemeinschaft der Übenden; die Heimmannschaft.

Satori: Ein erleuchteter Bewußtseinszustand jenseits dessen, was sich mit Worten ausdrücken läßt.

Sesshin: Längeres, intensives Zen-Meditations-Retreat; wird häufig mit dem subjektiven Erleben einer ausführlichen Wurzelbehandlung ohne Narkose verglichen.

Setsu(-Stab): Kleines spachtelähnliches Utensil zur Reinigung der eigenen Eßschüsseln nach der rituellen Zen-Mahlzeit. Eine zweite Heimat für Bakterien.

Shikantaza: Eine extraschlimme Form von Zazen, bei der man versucht, nicht zu denken.

Soji: Rituelles Besen- und Wischlappenschwingen in einem Zen-Center.

Soto-Zen: Ursprünglich chinesische Schule des Zen-Buddhismus, im dreizehnten Jahrhundert von Dogen nach Japan gebracht.

Sutra: Buddhistische heilige Schrift.

Tatami: (Reis-)Strohmatte

Theravada: Die südliche Schule des Buddhismus, in Südostasien weit verbreitet.

Teisho: Die zumeist vernunftwidrige Darlegung der Zen-Erfahrung seitens des Meisters während eines Sesshin.

Tofu: Geschmacksneutrales Nahrungsmittel, aus würfelförmigen Sojabohnen hergestellt.

Vipassana: Die Meditationspraxis des Theravada.

Zabuton: Eine Meditationsmatte, kommt zwischen Tatami und Zafu zu liegen.

Zafu: Ein Geschoß für Kissenschlachten im Zendo.

Zazen: Kürzel für »Zuviel Action zchadet einem nur«.

Zendo: Ein Raum, in dem andauernd nichts erreicht wird.

ÜBER DIE AUTORIN

Im wirklichen Leben, so wie es ist, lebt Susan Moon mit ihren zwei Söhnen in Berkeley, Kalifornien, wo sie unterrichtet, schreibt und versucht, die Dinge so zu sehen, wie sie sind. Sie ist seit vielen Jahren Mitglied des Berkeley-Zen-Centers. So sehr sie auch suchte, ist es ihr nie gelungen, Tofu Roshi zu finden, und mußte sie ihn deshalb erfinden.